日本型共同決定制の構想

「経済民主主義」による企業統治をめざして

高木雄郷

明石書店

まえがき

新型コロナウイルス（Covid-19）のパンデミックは、日本社会のひずみ＝格差・差別問題を露呈した。このコロナウイルスの影響を受け、構造的不平等がもたらす現実は、非正規労働者の職種・階層による分断と格差を顕在化した。

今回のコロナ危機で失業や雇止めにあったのは、多くが在宅勤務できないパート・サービス業従事者やフリーランス（請負労働者）、派遣労働者に象徴される人々である。これらの非正規労働者に対する差別的扱いを禁じる「同一労働同一賃金」が２０２１年４月から、中小企業にも施行されたが、賃金格差どころか、正規（フルタイム）労働者より高い感染リスクという社会的人権の格差に直面しているわけだ。

その意味で、今こそ、グローバル・多様な労働者の意見を反映できる集団的民主的労使関係を構築する「労働者代表制」の導入、労使（経営）協議制度の法制化が、労使が取り組むべき社会的責任であるコーポレートガバナンス（企業統治）や経済・経営民主化、コンプライアンス（法令遵守）確立のためのマニフェストなのだ。

日本の「労働者参加」の現状は、ＥＵ諸国に比較して、労使（経営）協議機関の事業所設置率が約２割と非常に低い。これに伴い、労使協議会への労働者参加割合も３割台で、北欧諸国に比べて３分の１以下という格差がある。とりわけ、日本の場合、中小企業での労組の組織率が従業員１００人未満企業で１％以下というデータからも分かるように、労使経営協議会の設置率（労働者の経営参加率）がＥＵ諸国に比べて、極めて低いことが大きな問題である。

このため、日本における労働者代表制の導入は、第Ⅱ部・第１章で論じる「労使経営協議会法」を制定することにより、労使協議制（機関）を拡大強化、社会化する必要がある。そこで、日本における労働者代表制の法制化を考えた場合、次のプライオリティが重要になろう。

第１点は、ワークルール確立のための「労働者代表制（委員会）」の導入である。

これは、あらゆる企業、職場ですべての労働者が参加する連帯組織だ。

第２点目は、日本における労働者代表制の中期目標だが、企業（グループ）ガバナンス強化や経営民主化のための中央経営中枢（本社・取締役会）への労働者（組合）の参画である。従業員１００人以上企業（グループ）で、ドイツ・北欧並みの「労働者代表重役制度」を法制化しなければならない。例えば、取締役選出については、労働組合の指名、推薦する者が全労働者集会の議決によって任命され、労働者代表として、取締役会に３分の１（従業員１００人以上企業）または２分の１（従業員１００

0人以上企業）参加する形式をとる。

この日本型「共同決定制」のモデルになったのは、第Ⅰ部・第2章で示すドイツの共同決定法と第4章のETUC（欧州労連）が欧州議会に制定を要求している労働者参加の「EU枠組み指令案」だ。その指令案では、①従業員50～250人（本社及びその直接または間接子会社の総従業員数）の小規模企業では、WBLR（Workers Board Level Representative：取締役会又は監査役会＝二元制）の参加割合は低く、少なくとも2～3名の労働者代表が選任される。②従業員数250～1000人（同）の中企業では、WBLRの参加割合は3分の1に高められる。③従業員数1000人以上（同）の大企業では、WBLRの参加割合は労使同数の2分の1の役員議席を持つ必要があり、ドイツのモンタン共同決定法（1951年施行）と同様の完全な共同決定制が導入される。

また、「グループ企業（連結決算事業体）別労使協議会」を、EWC（欧州労使協議会）指令方式で設置せねばならない。

この労使経営協議会法案（経営民主ネットワーク）は、ILOが提唱する社会正義の拡大と職場（企業）でのディーセントワークの実現、SDGs（持続可能な発展）への貢献を目的とするISO26000の確立の上で制定することが必須条件だ。また、いま大論争となっている社会的経済格差や分配の不平等を是正するためにも、日本経済を中長期視点から健全かつ安定に運営するためにも、労働者の利益と社会的権利を護る労働者経営参画の新たな法制度が重要である。

『二十一世紀の資本』で世界的ヒットを飛ばしたトマ・ピケティの新著作、第二弾の『資本とイデオロギー』が出版され、欧州各国で大きな話題を呼んでいる。日本でも来春、翻訳本が出版されることになっているが、前著に続いて「格差社会と資本主義」の関係の本質を徹底究明し、新たに格差縮小のための進むべき道を大胆に提言しているのが興味深い。

特にその中で、著者が一番注目したのは、ドイツに倣って労使共同決定制度を導入すれば、「私有財産の社会化」が図れるという政策提言である。つまり、この仕組み「共同決定制」を法制化することで、経営者・管理職への報酬額を抑制できるほか、経営の透明性や企業ガバナンスの拡大と強化、そしてコンプライアンス、さらに従業員の自社に投資する割合（持ち株）も高められるようになるという。これは、労働組合はもちろん、日本の革新社会勢力に刺激と活力を与える新時代の「参加民主主義」による新しい労働社会運動として拡充すべき示唆になろう。

米国でも、民主党左派の理論家であるジョージ・タイラー上院議員が企業の労使共同決定制の優位性を提唱している。米国は取締役会（二元制＝監査役会）に労働者代表を経営参画させているEU企業のコーポレートガバナンスから、大いに学ぶきだと強調した。この制度を活用して生産性の向上分（利益）の大部分を労働分配している「ワーク・エンゲージメント（働きがい）」の効果を挙げた。米国企業が株主還元を優先し、労働者に対して改善された労働生産性の付加価値のうち13％しか配分されていない現状格差を衝いているわけだ。米国では、このタイラー・ビジョンの実現はまだ政治的にマイノリティ、初期段階にあると言え、今後の発展を期待したい。

本書の出版にあたっては、実に多くの方から有形無形のご支援、協力をいただいた。紙面をつうじて厚くお礼申し上げたい。本書が日本の国民経済、企業経営の民主化、「経済民主主義」革命に向けてのルネッサンスになれば幸いである。

２０２１年９月

高木雄郷

日本型共同決定制の構想
——「経済民主主義」による企業統治をめざして ◎ 目次

第Ⅱ部　日本におけるコーポレートガバナンスのあり方

第1章　英国のコーポレートガバナンス・コード改訂と日本への教訓

日本でも、企業の不正や不祥事、格差、各種のハラスメントなど労働社会問題が相次ぐなか、こうした事態を払拭するための「企業統治」（コーポレートガバナンス）の改革論議が大きなうねりをみせている。

２０１５年に導入された東京証券取引所と金融庁のコーポレートガバナンス・コード（企業統治指針）では、独立社外取締役の複数選任などの内部統制システムが整備された。これに伴い、２０１８年のコード改訂においては、株主重視の資本効率をより意識した経営が求められている。

この２０１８年には、英国やシンガポールでもコード改訂が行われており、各国特有の政治社会状況が影響している背景が理解できる。

ところが、その英国で２０１８年7月、上場企業の経営規範であるコーポレートガバナンス・コード（以下、ＣＧコード）が改訂され、２０１９年1月以降の決算期から適用されている。従業員も株主と同様、企業のステークホルダー（利害関係者）として重視され、経営に意見を取り入れることや、役員報酬の透明性向上を求めるのがキーポイントだ。日本の企業統治指針は、英国アングロサクソン流を採用した経緯があり、英国の動向への関心は高い。英国のＣＧコード見直しは、日本での企業統治の改革論議、法制改革にも大きな影響を与えると見られる。

英国コーポレートガバナンス・コード改訂の変遷とステークホルダーの役割

それでは、英国におけるコーポレートガバナンス改革、CGコード改訂の変遷とステークホルダーの責任・役割を追ってみよう。

英国のコーポレートガバナンスは、もともと1992年以前のサッチャー時代を含めて、米国と同じ市場万能主義のシェアホルダー（株主）重視型を志向していた。

このため、英国の企業統治改革は、FRC（英国財務報告評議会）が2018年7月にコーポレートガバナンス・コードの改訂版を公表したことから本格化する。1992年にキャドバリー委員会によって、最初のCGコードが策定されて以降、ほぼ四半世紀にわたって発展しており、FRCが所管するようになった2010年以降はほぼ2年ごとに改訂されている。今回のコード改訂は、コーポレートガバナンス改革を主要なマニフェスト（政治公約）に掲げるテレーザ・メイ政権の発足後初の改訂となるもので、「従来よりも簡潔かつ明確だ」と謳われている。

そこで、本コード改訂の主なポイントを挙げてみたい。これによると、（1）企業と株主およびステークホルダー間の良好な関係構築、（2）健全な企業文化に沿った明確な目的と戦略、（3）取締役会の人員構成の質の向上とダイバーシティ（多様化）、（4）長期的な成功に繋がる適切な報酬体系、の4つの変更点がみられる。

具体的には、（1）は、従業員とステークホルダーの関係で新しい条項を規定し、取締役会に従業員とのエンゲージメント（関与）を強化し、その考え方や意見の理解に努めることを求めた。（2）の企業文化では、取締役会に戦略と企業価値を整合させる企業文化の創造を目指す。取締役会に、長期間にわたってどのくらい企業価値が維持できているかを評価することを求めている。

（3）のサクセッション（承継）と多様化においては、取締役会が能力、経験を有し、建設的な課題認識を持つ適切なメンバーで構成され、その多様性を推進するために取締役会の刷新とサクセッション計画の着手の必要性が強調されている。特に取締役会議長が9年以上続いている場合、取締役会は当該機関の長さを考慮すべきとし、サクセッション計画と取締役会の多様性の確立に関して、指名委員会の役割を強化することにしている。

これらを踏まえた取締役会の実効性評価に関しては、「取締役会の実効性評価を毎年実施すること」に加えて、対象企業を限定せずに、「定期的に外部機関による取締役会の実効性評価を実施することを検討すべき」としている。とりわけ、FTSE350を採用している上場企業は取締役会の実効性評価を少なくとも3年ごとに外部機関により行うべきことが新設された。

（4）の報酬面では、報酬委員会は、取締役の報酬を決定するに際して、従業員の賃金や関連するポリシーを考慮すべきだとした。

従業員関与のコーポレートガバナンスに転換

この中で、（1）の手法については、企業自身に3つの選択肢の中から選ばせるかたちで、その一つに従業員の経営参加のガバナンスを求めている。また、（4）では、従業員も関与する取締役会報酬委員会の設置による監視強化がクローズアップされた。

このように英国のコーポレートガバナンスの新指針、改訂コードは、従来の株主重視と並んで企業のステークホルダーとして、特に従業員を重視し、明確に位置付けたことが大きな特徴だ。つまり従業員の意見を経営に反映させるため、企業と取締役会による幅広いステークホルダーとの良好な関係構築が強調されている。とりわけ従業員（派遣・請負労働者を含む）との関係＝対話においては、取締役会に従業員の意見や考え方が直接反映できるようにする仕組みをつくるために、次の3つの手法が規定された（コード条項5）。

① 従業員の指名による取締役の任命（従業員代表の招聘）
② 正式な従業員諮問委員会（会議）の設置
③ 従業員との対話を担当する非業務執行取締役の配置（任命）

取締役会は、以上の3つの手法のうち、いずれか又はその組み合わせによって、従業員との対話、コミュニケーション（意思疎通）を行うことが求められる。それを選択していない場合には、自社にとって実効的な代替措置を、実効的である理由と併せて説明する必要がある。

ただし、労働者側にとっても、前記①に関して、「従業員代表取締役」の選任権が付与されたとしても、その従業員代表の取締役会に占める割合が複数（少なくとも2名以上）なのか、3分の1か、CGコードで規定されている独立非業務取締役（日本の独立社外取締役に相当）の基準（取締役会における割合を半数以上の指名）のように閾（しきい）値が明確でないのは不自然だ。しかも、上場会社の状況によっては、従業員取締役（候補）を招聘、公募するにしても、自薦を含めて、すべての従業員の選挙で選ぶものであるのか、など民主的な手続きの面で問題が残る。

これは、やはりドイツや北欧に倣って、従業員自体（労働組合）がイニシアチブをとって、自主的に「従業員代表員会」を設立し、その中から、全労働者が従業員代表取締役を選任する枠組みが必要になろう。

この従業員関与のCGコードをめぐっては、保守党政府をはじめ、経済界を代表する英国産業連盟（CBI）や英国経営者協会（IoD）は、一様にコード改訂を歓迎したうえで、労働者の経営参加促進を明記した点に大きな評価を与えている。

これに対して、国内最大のナショナルセンターである英国労働総同盟（TUC）は、「十分とは言いかねる内容で、メイ首相（当時）が公約した『企業を揺さぶる』というレベルまで達してない」と強制力に欠ける点に不満を表明し、労働者の経営参画を企業に義務付けるよう求めた。

換言すれば、上場企業が従業員代表を招聘するといってもCGコードは法律ではないため、コンプライアンス（遵守）は必須でなく、企業に実効的な代替措置をその理由と併せて説明さえすれば、規範に従わなくてもよいことになる。かつ個別企業の状況に合せて手法を自由選択できるため、取締役会への従業員代表の招聘数、閾値も明らかにされていないといえる。

全般的な株主優位のコーポレートガバナンス・コードに変更はない

また、株主との関係では、株主総会議案に20％以上の反対があった場合、企業はその背景を理解するために株主に意見聴収すべく、どのようなアクションを講じるかを説明すること、かつ、その結果を株主総会後6か月以内に株主から得られた見解や企業がとった行動を公表することが求められている（各則4）。そして、取締役会は年次レポート（アニュアル・コーポレートガバナンス報告書）で取締役会の意思決定や行動時にどのような影響があったかを明らかにすべきとした。この20％という閾値は、今回改訂で初めて明示されたものであり、全般的な株主優位のコーポレートガバナンスの表れだと見てよいだろう。

さらに、今回のコード改訂においては、投資家やファンドの後押しを受けた独立非業務執行取締役の取締役会における割合を少なくとも半数にしなければならないとの定めについて、従来のメイン市場上場会社以外の小規模会社にもすべて適用されることになったことが大きい。英国では、業務執行のトップであるＣＥＯ（最高経営責任者）への権限の集中化を避けるために、非業務取締役の独立性とガバナンス機能の発揮が重視されている。中でも取締役会議長と筆頭独立非業務執行取締役には主要株主との対話促進や他の独立非業務執行取締役への教育体制の整備が強く求められている。

一方、バランスのとれた取締役の報酬体系に関しては、業務執行取締役の報酬方針及び慣行を決定する際、報酬委員会は、以下に対処する必要があるとした。

- 株主及び従業員との明確かつ効率的な関与（effective engagement）を促進する。
- 報酬の取り決めは透明でなければならない。

これに関連して、英国の議会では、英国ビジネス・エネルギー・産業戦略省（ＢＥＩＳ）が２０１８年６月に提出した大企業（従業員数２５０人以上）を対象に最高経営責任者（ＣＥＯ）と一般従業員の報酬の比率を公表するよう義務付けることを含む２０１８年会社（その他の報告）規則案が成立し、２０１９年１月１日以降にスタートする会計年度から適用開始されているのは見逃せない。

取締役会のダイバーシティ推進

近年、さまざまにトピックスになっている、⑶の取締役会等のダイバーシティ。変更前コードにあった「取締役候補者の人選や指名に際しては、ジェンダーの観点を含めた取締役会の多様性の利点を考慮して行うべき」から、「取締役の指名やサクセッション計画とともに、ジェンダー、社会的・民族的バックグランド、個々人の能力等の観点において多様性を推進すべき」と変更された点は興味深い。

日本も同様だが、英国企業では現場レベルのダイバーシティは進展しているものの、とりわけ取締役会における「女性の比率」が27・7％（２０１７年統計）と、フランスなどＥＵ主要国に較べて相対的に高くない。日本は、閣議決定で２０２０年までに上場会社の女性取締役比率10％（２０１７年統計実績3・7％）の計画目標を掲げているが、英国の場合、女性取締役の採用の多くは社外から招聘した非業務執行取締役であり、業務執行取締役における女性の割合は少ないトレンドにあるとみられる。

こうしたことから、今回のコード改訂においても、フランスのCGコードように女性取締役の比率に関する数値目標の明記が期待されたが、提示されなかった。このことは、強制力のあるクオータ制（取締役会に一定比率の女性を指名することを義務付け）を採用しているフランスやドイツ、ノルウェーなど大陸EU加盟国と、法律によらず「労使自治」を優先する英国との国情の違いを浮きぼりにさせた。

日本への教訓

以上、企業がステークホルダーとして、誰を重視するのかという点で、日本と英国は共通性がある。すなわち、英国では、会社法に規定されている取締役が株主全体の利益のために行為するに当たって考慮する要素にとどめており、株主優先は厳然と変わらない。しかしながら、企業の取締役会における意思決定に際して、従業員の見地を取り入れるというアプローチが画期的であり、TUCも条件付きで賛成しているようだ。

かつての英国では、2008年のブレア労働党政権の下で、労働組合の意向も取り入れ、EUの一般労使協議指令(注1)が導入され、**表1－1**で示したような労使協議会を法制化した。これにより、従業員

表1－1　世界16か国の労使（経営）協議会制度の法規

国名	法規制	対象（従業員規模）	選出方法（自動／申出）	選出方法（従業員代表）	権限・機能
ドイツ	○（経営組織法）	5人以上	従業員申し出	従業員選挙	情報、協議、共同決定
スウェーデン	○（共同決定法）	非限定	自動	労組代表	情報提供、共同決定
イギリス	○（2008年）	50人以上	申し出	従業員選挙	情報提供、協議
フランス	○（労働法典）	50人以上	自動	従業員選挙	情報提供、協議
スロベニア	○（2003年）	20人以上	従業員申し出	従業員選挙	情報、協議、共同決定
オーストリア	○（労働組織法）	5人以上	自動	従業員選挙	協議、共同決定
オランダ	○（企業審議会法）	50人以上	自動	従業員選挙	情報、協議、同意権
ベルギー	○（1972年）	50人以上	自動	従業員選挙	情報提供、協議
イタリア	中央労働協約	非限定	従業員申し出	2/3選挙、1/3組合	情報提供、協議
スペイン	○（労働者憲章法）	50人以上	従業員申し出	従業員選挙	情報提供、協議
ギリシャ	任意	20人以上	従業員申し出	従業員選挙	参加、協議
デンマーク	中央労働協約	35人以上	従業員申し出	従業員選挙	協調と経営関与
フィンランド	○（経営法）	非限定	自動	労働組合代表	情報提供、共同決定
韓国	○（1997年）	30人以上	申し出	従業員選挙	情報提供、協議
中国	○（2011年）	100人以上	自動	従業員選挙	情報提供、討議
インドネシア	○（2003年）	50人以上	自動	労組代表／選挙	情報、相談、討議

注：米国では法制で労働組合による団交のみのシングルチャンネル方式しか認められていないため、英仏型の労使協議会（企業委員会）は禁止されている。
出典：EIRO（2005）"works councils workplace represention and participation structures" など。

50人以上の企業および公的セクター（行政組織を除く）等では、新たに全従業員（含パート）の投票で選出された従業員代表との間で、①企業の最新の経営状況と経済環境に関する情報提供、②企業での雇用動向と雇用構造および今後の見通し、特に雇用数に影響する経営政策（計画）（既法律の定める集団的解雇、経営譲渡、企業年金制度変更）については、情報提供・協議とともに、協約締結を行うことが規定された。なお、従業員代表は、企業の従業員数に比例して2～25人と定めている。

しかし、このような労働者の経営参加権は企業からの情報提供や協議に限定され、取締役会への労働者参加は認められなかった。それに較べて、今回の改訂コードは、従業員による取締役の指名など「決定参加権」が付与されており、今後、北欧諸国（スウェーデン、デンマーク）の労働者代表重役制度のような法制化に進むかどうか注目されよう。

ともあれ、英国の試みは、日本企業の取締役会にも、コーポレートガバナンスにおける労働者重視とは具体的にどのような内容・仕組みを示すかについて、教訓を与えている。

労働者重視のコーポレートガバナンス改革――フランス

英国の政治的ライバルだったフランスでも、2013年6月の法律（雇用安定化法）で、新たに巨大企業（フランス国内で5000人以上）、または全世界で1万人以上を雇用する企業について、従業員代表を取締役会のメンバーに任命することを義務化した。続いて、2016年の労働法典改革では、

図1－1　諸外国の女性役員割合

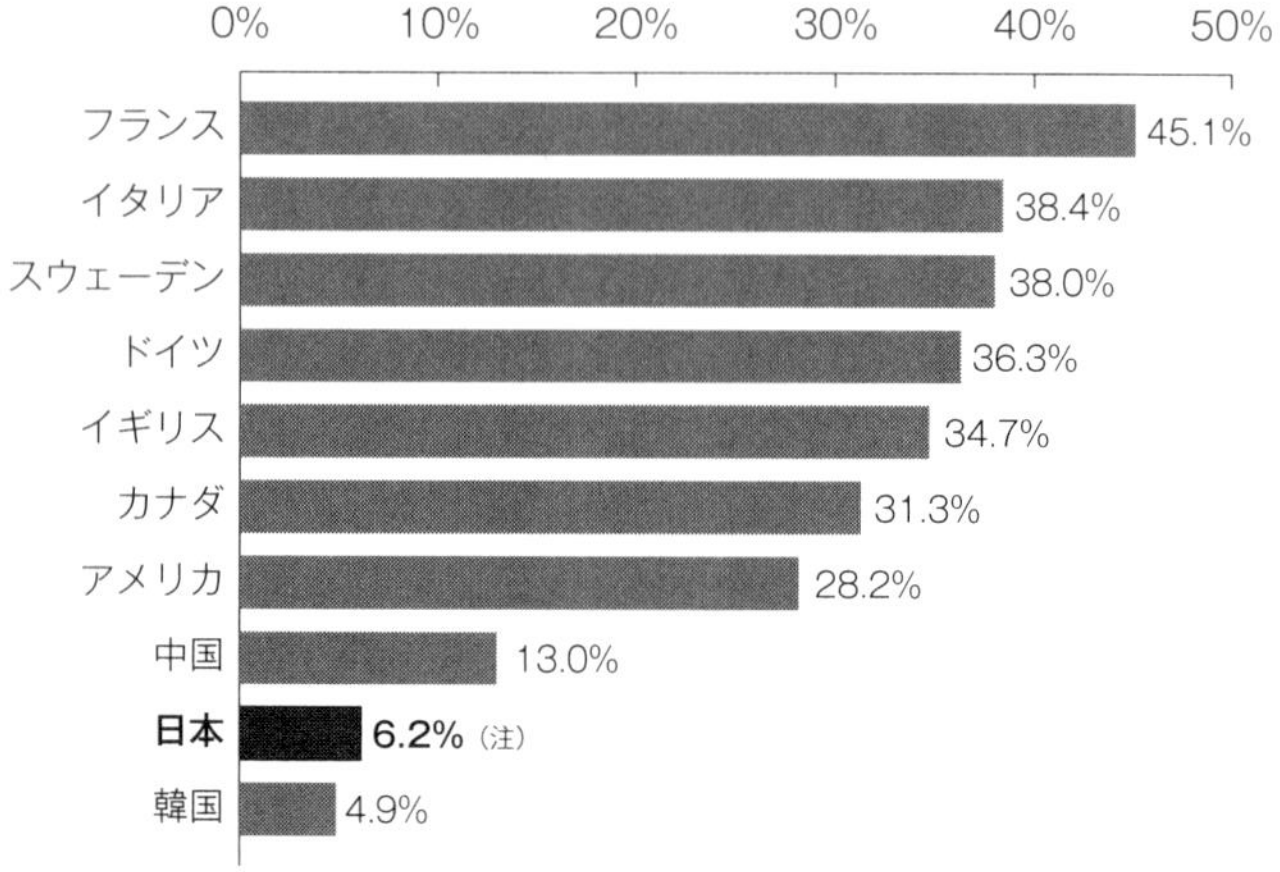

注：日本の女性役員（取締役）の割合は、上場企業での構成比率。
出所：OECD統計調査2020.

従業員1000人以上の民間企業で取締役会の定員13人以上の場合は2名、取締役会の定員13人未満は1名の従業員取締役を選任するシステムを法制化したわけだ。

いずれも、取締役会における従業員代表数が少ないとはいえ、ドイツの「共同決定制」を参照して導入されたシステムとも言われている。

一方、フランス民間企業協会やフランス企業連合会が2008年に制定した「コーポレートガバナンス・コード」によれば、企業経営に対するガバナンス（監視・監督）に関して、各社固有の事情に基づき、全ての企業は取締役会を設置する単層制か、ドイツやオーストリアのような二層制を選択することができる。取締役会の構成については、英国と同様、取締役の半数は独立（社外）取締役が占めるべきである。

また、ジェンダー平等（バランス）の向上については、フランスのコーポレートガバナンス・コードでは取締役会における男女比率や国籍等の多様性を配慮する必要があり、女性取締役の割合に関して、**図1―1**「諸外国の女性役員割合」（OECDの2020年調査統計）で見られるように45・1％に達して、数値目標（2016年までに40％）を超えている。

注

（1）欧州委員会は、2005年3月に「EU一般労使協議指令」を施行した。EU加盟国国内の従業員50人以上の全ての企業に労使協議会（Works Council）の設置を義務付けるもの。同指令は、欧州共同体の企業または事業所において情報提供及び協議を受ける労働者の権利に関する最低要件（ミニマム）を規定する一般的な枠組みを定めることが目的。この原則だけをみると、現在欧州で発展している多国籍企業（グループ）で実施されているEWC（欧州労使協議会）指令（従業員1000人以上の企業（グループ）で、労使協議会及び特別委員会を設置）の「国内版労使協議会指令」といえる。特に、企業の再編やリストラなどの経営の変更の際に、労働者の情報提供と事前協議の権利を有する。

これを受けて、英国労働党政権が2008年に「従業員の情報と協議に関する法律」が施行された。

第2章　ドイツにみるコーポレートガバナンスの現実と戦略的課題

ドイツの新たな共同決定権の拡大運動

ＤＧＢ（ドイツ労働総同盟）においては、新自由主義や株主資本主義に対抗する政策手段を新しい共同決定権（法）の拡大運動によって進めている。その中身は、共同決定権を規模の小さな事業所（企業）に拡張しようとする量的な拡大と、もう一つは公的部門「連邦職員代表法」にある職員代表委員会の権限（情報権・事前協議・共同決定権）を民間並みに強化するための質的な拡大を目指す運動である。

ドイツでは、企業の共同決定法として、**図2－1**に示したとおり、①3分の1共同決定（参加）法（従業員500人以上企業）と、②2分の1共同決定法（従業員2000人以上）、③モンタン共同決定法（従業員1000人以上の鉱山・石炭・鉄鋼業）の3つの形態がある。

この中で、ＤＧＢの新たな運動は、1番目は前記②または③のモンタン共同決定法を、さらに中小企業（従業員500人以下）にまで適用範囲を拡げようとするものだ。

これについて、ＤＧＢの主要産別労組のＩＧメタル（金属産業労組）の国際局欧州・北米担当委員のクラウディア・ラーマン女史は、次のように説明してくれた。

「実際、3分の1参加法は、我々として企業の監査役会の半数を労働側が占めておらず、民主的でなく共同決定の法律だと考えていない。労働者にとって何もメリットがあり得ない。このため、3分の

図2－1　ドイツの共同決定法の3形態

51年モンタン共同決定法・対等決定

＜1,000人以上の鉱山・石炭・鉄鋼業＞

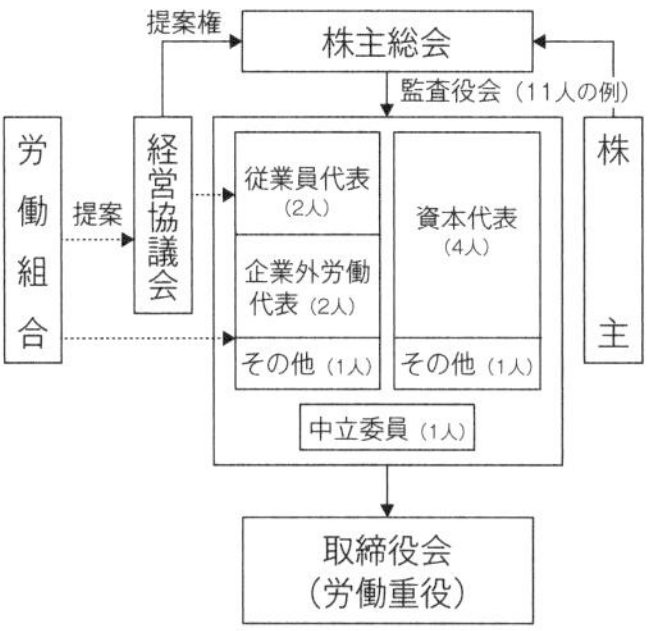

- 株主と労働者の対等構成＋中立委員（選挙管理）
- 監査役数は11人、15人－21人
- 労働組合の提案権　2人から4人。組合選出候補も選挙で選出（81年までは直接派遣）
- 選挙権は従業員代表委員

76年共同決定法・対等決定

＜2,000人以上の企業＞

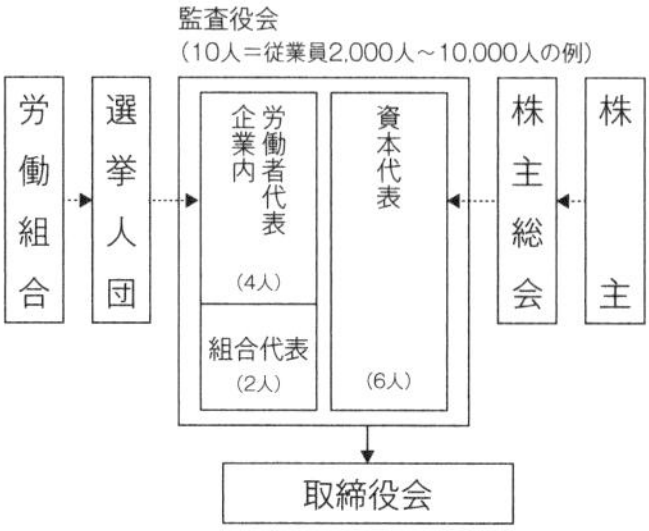

- 同数構成だが、労働者側に上級管理職枠
- 正副会長は監査役会の3分の2以上の多数で選出、決まらないときは株主側から会長、労働者側から副会長（27条）
- 監査役数は12人、18人、20人（7条）
- 組合の提案権は2人から3人。組合提案候補も選挙参加（同4項）
- 選挙は、直接・間接選挙（9条）

2004年3分の1共同決定法

＜500人以上の企業＞

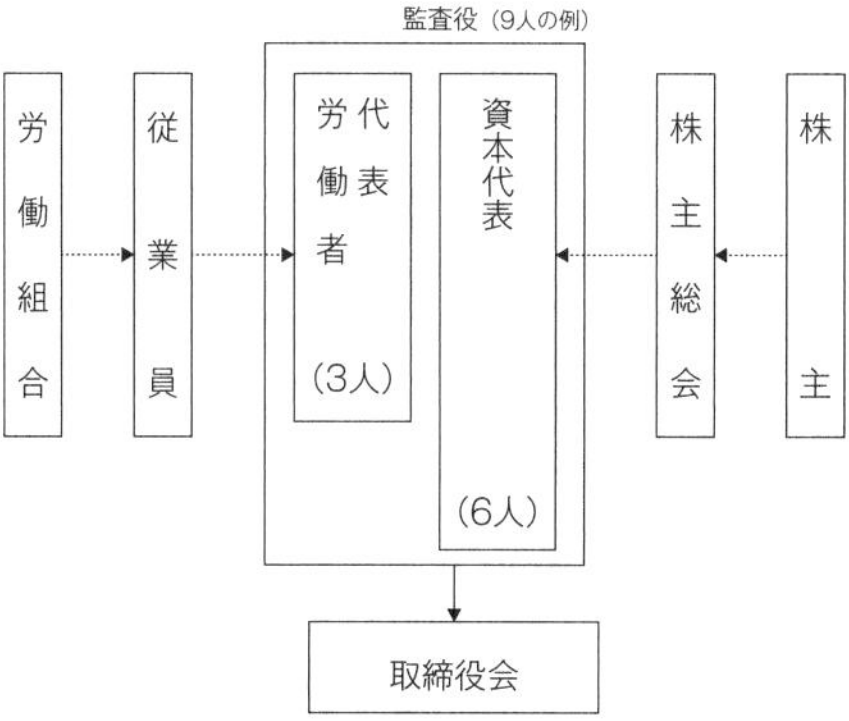

- 労働者代表は監査役員数の3分の1、最低3人
- 組合代表委員を入れる義務なし
- 間接選挙

1参加法を中小企業に適用することは問題があり、反対の立場だ。やはり完全同権のモンタン共同決定法の適用範囲が非常に狭いので、その法改正から始めるべきだと考えている」と。

もちろん、中小企業にまでモンタン共同決定法を拡大適用するためには長い時間が必要であることはまちがいない。したがって中長期的観点からは、従業員250人以上（欧州委員会が定めたEUの大企業基準枠）の民間企業からモンタン共同決定法を導入することが適切であり、当面は従業員1000人以上の全産業部門への導入が現実的だと、ラーマン委員はアピールした。

大きな2番目の共同決定権の新たな運動は、非正規労働者の「経営協議会」（従業員代表委員会）への参加権確保である。事業所の共同決定法と言われている「事業所組織（経営組織）法」（図2－2）では、経営協議会メンバー（従業員代表委員会）の資格は企業に1年以上在職の正規社員に限定されており、派遣社員を含めた非正規社員は従業員代表メンバーになれない。今回の動きはその不平等を解消しようとするものとみてよい。

この背景には、ドイツでも派遣を含めた非正規労働者が全労働者（約4400万人）の1割以上いるとされ、その大半が未組織労働者という事情がある。また最近、産別労働協約の企業別協約や事業所協定への分権化傾向が指摘され、いわゆる労働協約の労働者カバー（拘束）率が低減していることも見逃せない事実だ。

このため、IGメタルでは、現在のドイツ全体の組合組織率が18％台までに低下しているのに併せ、組織拡大のためには非正規労働者の待遇改善に道を開く「民主的権利」の法的保障が必要であり、今回の新共同決定政策の重点項目として、現行事業所組織法に定めている経営協議会の選挙権・被選挙権を正社員並みに確保することが適切だとした。その結果、経営協議会における非正規労働者の発言権、影響力が大きくなれば、当然ながら労働組合の組織化に繋げることが可能になるとみているわけだ。

ちなみに、事業所組織法に盛り込まれている経営協議会の主な権限（**表２－１**）は、産別労働協約を事業所（企業）ごとに実現する（労働組合の）役割を持つとともに、経営変更（事業所の統廃合等）の際の社会（合理化）計画や、労働者の採用・解雇・配置転換等に関して「共同決定権」を有する。さらに、従業員１００人以上の企業では、中央経営協議会に設置される「経済委員会」を通して、たとえば生産システム、事業所変更、新技術導入に伴う人員削減などの経済事項に関しての情報権と協議権をもつことが明記されている。

３番目の運動は、ドイツ企業（二層制）の監査役会（最高経営意思決定機関）における女性役員のクオータ（割当）制の導入政策である。現在10％台の女性監査役員の割合を新たに最低３割以上に拡大しようとするものだ。既に、ＥＣ（欧州委員会）においては一層制、二層制企業を問わず、上級管理職（役員）に占める女性の割合を30％にする改革案をＥＵ加盟国に勧告しているが、ＩＧメタルの新政策も、これに応えたものだといえる。

以上の大きく３つがドイツＤＧＢ及びＩＧメタルの共同決定権拡大運動の重点課題である。

図2－2　ドイツにおける労働者参加のルート

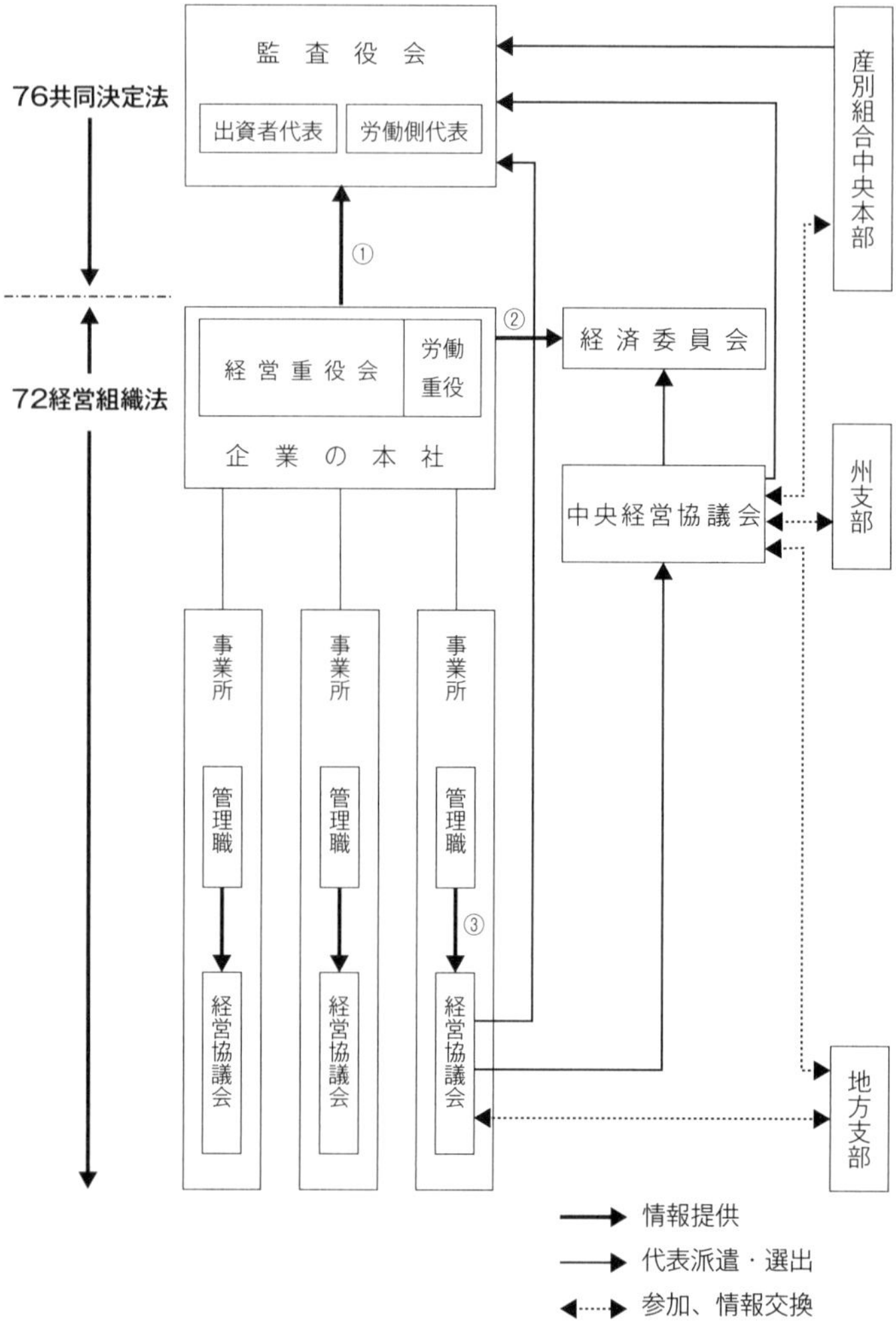

注：上図の①の監査役会レベルでは、投資プラン、生産計画、人事プラン、財務と資産状態など、包括的、基本的事項を扱う。②と③は、経営組織法に基づく機関。②の経済委員会は、投資、雇用、生産の個々の具体的、技術的問題が担当者により報告、協議されるので、情報に関して決定的に重要である。③は各工場、事務所レベルで、それぞれの経営協議会と事務所管理職との間のものである。

表2－1　事業所組織法の経営協議会（従業員代表委員会）の権限

事項	関与権	共同決定権
人事計画	人員計画等について情報提供と協議義務（92条１項）、計画導入の提案（92条２項）、優先的社内募集の要求権（93条）	
採用	管理職の採用についての予告義務（105条）	応募書類・質問事項・評価基準の作成（94条、同意権）、人事選考指針（95条１項、同意権）、労働者の採用（99条、同意拒否権）
配置転換		対象者選考基準（95条２項、同意権）、個別配転措置（99条同意拒否権）
賃金		支払時期等、算定原則等、能率給（87条１項、同意権）
格付け・査定	情報提供義務（99条）	一般的評価原則策定（94条２項、同意権）、選考基準（95条1項、同意権）、格付け（99条、同意拒否権）
労働時間		始業・終業時刻、週日への労働時間配分、時間外労働、年休計画・年休時期調整（87条l項、同意権）
職場規律・安全衛生		事業所内秩序に関する問題、労働者の行動または労務提供を監視するための技術設備の導入と利用、労働災害と職業病の防止および放棄または災害防止規則に基づく健康保持のための規定の作成（87条l項、同意権）
福利厚生		福利施設の形態等、社宅割当（87条１項、同意権）
解雇	意見聴取義務（102条１項）、異議申立権（同条３項）、解雇確定までの継続雇用義務（同条５項）、任意的事業所協定による同意条項可（同条６項）	解雇の一般的選考基準の作成（95条１項、同意権）
職業教育	訓練の必要性につき協議義務（96条１項）、訓練施設・提供につき協議義務（97条１項）	職務変更に伴う訓練（97条２項、同意権）、職業訓練措置の実施（98条１項）、職業教育措置への参加（同条３項）
雇用調達・促進	雇用促進の提案（92a条１項）	操業短縮（87条１項、同意権）
職場等編成	職場等編成について'情報提供と協議義務（90条）	特別な負荷を除去する措置についての修正的共同決定（91条）
事業所変更	事業所閉鎖・縮小・統合等の場合の情報権と協議権（111条）、経済委員会を通じての経済的事項についての情報権（106条）	事業所変更の際の社会計画（112条、同意権）

資料出所：労働政策研究・研修機構『ドイツにおける集団的労使関係システムの現代的課題―その法的構造と規範設定の実態に関する調査研究』（2017年）

注：従業員５人以上の事業所では、即時の事業所閉鎖・縮小・統合等の場合の全情報権と事前協議権を持つ。

従業員20人以上の事業所では経営変更後の合理化計画や、労働者の採用・解雇、個別配置転換について共同決定権を持つ。

従業員100人以上の企業では、経済委員会を通して、経済的事項に関しての情報権と協議件を有する。（月１回の会合）

ＩＧメタルの現状と運動戦略

では、この拡大運動が具体的にどう展開されているのか、現状と今後の運動戦略について、ＩＧメタルのラーマン委員（前出）にいろいろ聞いてみた。

労働協約の分権化傾向と対策

――まず金属・電機産業界では、ＩＧメタルと金属経営者連盟（GESAMTMETALL）が締結する産別労働協約（Verbandstarifvertrag）の、企業別労働協約（Haus-oder Firmentarifvertrag）や事業所協定（Betriebsvereinbarung）への分権化傾向が指摘されているが、この要因と今後の対策について、伺いたい。

ラーマン　ドイツでは、ここ数年来、全体的に細目の協約を結ぶ傾向が強い。その前提として州ごとに様々な法律・協定があるので、労働協約に関しても地域ごとに分権化が進んでいます。このため、ＩＧメタルにおいても、加盟労組に適用されている産別（団体）協約が分権化によって、個別の企業労働協約を締結することがしばしば見受けられるわけです。

特に、最近起きている現象というのが企業に経営問題が発生した場合、これまで締結していた産別労働協約から離れて、新たに「期間限定の特別労働協約（企業関係的団体協約：Firmenbezogener

Verbandtarifvertrag)」を結ぶ傾向があることです。特定の企業が倒産の危機がある場合などに、当該企業について産別協約からの逸脱を認めるために、このような企業別協約が締結されるわけですが、ＩＧメタルにおいても二度の経済危機を経て、対処のため増加する傾向にあります。すなわち、この特別協約はＩＧメタルとの労使交渉において、企業の経済状況（データ）を分析し限定期間の同意を得て結ばれるものです。したがって、企業の経営状況が改善化の場合には厳正なチェックを行い、パスすれば、元の産別協約に戻すのがＩＧメタルの運動方針であります。

――具体的に、金属電機産業においては、企業別労働協約を締結しているのは何社あるのか。フォルクスワーゲン社の企業別協約を例に、現状を説明してほしい。

ラーマン　金属・電機産業の全企業数は約８万社で、実際に施行している労働協約数は９５００あります。このうち、個別に結ばれている企業労働協約（企業関係的団体協約を含む）が75％、残りの25％が産別労働協約です。そして、個別企業協約を締結している中でも、17％がいわゆるフォルクスワーゲンのようなＩＧメタルとの間で企業別協約を締結することで、独自の協約政策を展開してきた例です。

もちろん、フォルクスワーゲン労組はＩＧメタルに加盟していますが、経営者側が金属経営者連盟（地方）に加入していないため、ＩＧメタルが企業労働協約から離れて産業別労働協約に転換・移行しろとは強制できない。そのような発言権は有していない。ただ、（長期的に）我々の団体協約に入るよう働きかけていることは確かです。

金属・電機産業労働者の組織拡大運動

――これに関連して、ＩＧメタルとしての金属・電機産業労働者の国内労働組合組織率と傾向、今後の組織率向上策を挙げてください。

ラーマン　現状は２２４万８６００人の組合員で、組織率は約30％ぐらいです。以前は非常に多かったのですが、組合員数がピーク時に較べて20～30％減少しています。その対策としては、これまでの女性とか特定の種類のカテゴリー（非正規労働者群）の領域に尽力するだけでなく、今後大きく成長する風力・太陽光発電など自然エネルギー産業分野に参入して組織化を図ることに努めています。この結果、当該分野でのＩＧメタルの組合員が増加しています。

――全米自動車労組（ＵＡＷ）が、ＩＧメタルの支援のもと、フォルクスワーゲン社のテネシー州チャクヌーガ工場での組織化が成功に至らなかった原因は。そして、多国籍企業の組織化に向けての今後の課題・対策は如何に。

ラーマン　これは２０１２年の組合役員の選挙準備中にあったことです。州ごとの共和党の知事や政治家が組合つぶしの圧力をかけ、我々もドイツ流の正攻法で対抗しましたが、組織化に失敗した。しかし彼らとも最近、関係が良くなってきて、新しい組織化の方法を模索し、次のステージに向かっています。例えば、地域に特化した組合事務所を設置し、組合メンバーになれなかった人たちを中心に集めて、現在地域の小さなレベルからでの組織化を進めています。このため、特に組織化に当たってのＵＡＷとの関係では、直接支援・協力を求めるよりはお互いに情報提供している段階に

図2−3　IGメタルの教育体系図

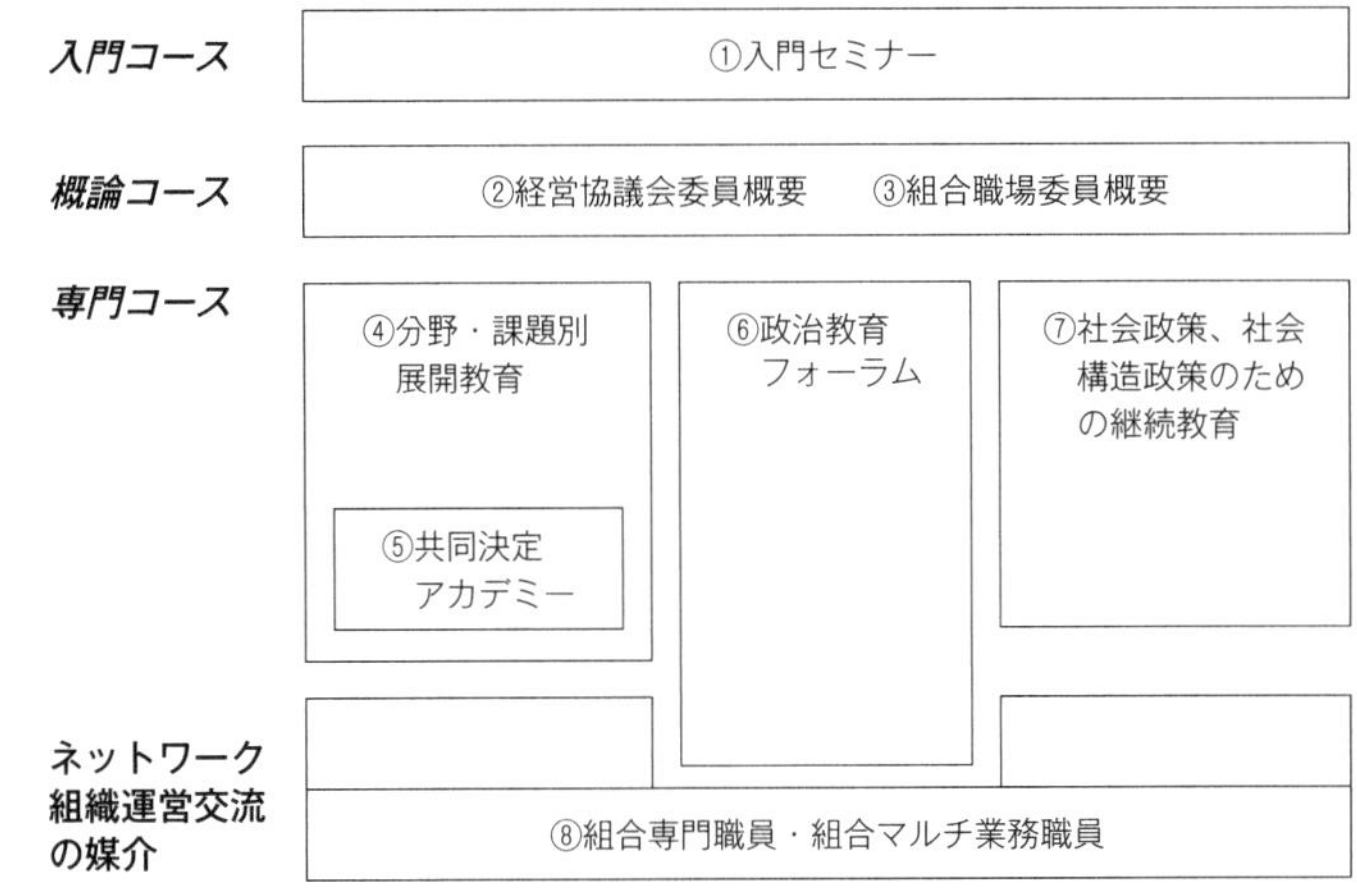

あります。

労働教育の強化と共同決定アカデミー

――ＩＧメタルのオルガナイザーや労働組合員（幹部）、経営協議会（事業所委員会＝従業員代表委員会：Betriebsrat）委員をどのように育成、教育されているのか。特にＩＧメタルの「教育センター」（ベルリン）での「共同決定（Mithestimmung）アカデミー」の実状を伺いたい。

ラーマン　労働教育については、ＩＧメタルの中央教育センター（ベルリン）と地方（自治体出資）の協力を受けて７つの教育施設、併せて８機関で実施している（**図2−3**参照）。

　事業所組織法によると、企業の経営協議会委員は、「労働教育」を受ける権利が保証されており、企業は教育（受講）料を必ず支払わなくてはいけない。ちなみに、２０１１年に全国統一の経営協議会選挙がありましたが、選出メンバーには年配者が多く、若者（経営協議会委員）を育てることが大きな課題になっています。なぜなら、新しく選ばれた若年委員は自分の役割をきちんと認識していないケースが目立つからです。この人たちへの一般基礎知識を教育するのが「新人教育プログラム」のカリキュラムです。

また、労働組合の組織拡大のための組合員教育に関しても、労働教育センターで実施しています。さらに、様々に特化したコースがあり、「共同決定アカデミー」は労働監査役や労働重役になる者、その前提としての経営協議会委員になる労働者のためのカリキュラム（講座）です。講師は、経営協議会（事業所共同決定）や企業の共同決定（監査役会・経営重役会）分野に特化（キャリア）している専門家が配置され、会社と交渉する経営協議会の役員と労働組合職場委員も受講しなければなりません。

オペル自動車（労組）で聞かれたと思いますが、これら各講座の受講料は、組合員は無料です。また経営協議会委員は会社が支払う義務があります。非組合員や一般会社員、学生などは自分で払うが、いずれも有給で教育休暇を1年間もらえる制度が確立されています。

すべての労働者に完全同権のモンタン共同決定法を

――さて、2004年の3分の1共同決定法（Drittelbeteiligungsgesetz）施行による労働者にとってメリットある企業事例と、具体的に現行・企業共同決定制（Mitbestimmungsgesetz 1976,

Mitbestimmungsgesetz 2004）の課題と改革の方向性についてはどう考えられていますか。例えば、大企業（従業員５００人以上）へのモンタン法［完全同権の共同決定制（１９５１年、石炭・鉱業・鉄鋼産業に限定導入）］（Montan Mitbestimmungsgesetz）の適用などを法制化する方針はありませんか。

ラーマン　大前提として、従業員５００～１９９９人の企業に適用されている３分の１共同決定法は、ＩＧメタルとしては監査役会の半数を労働側が占めていないので共同決定の法律ではないと考えています。共同決定制度として好ましい状態ではまったくなく無意味です。労働者にとって何もメリットがありません。

我々の目標は、あくまで完全同権の「モンタン法」が一番よい形態の制度だと思っている。すなわち、現在鉄鋼産業（ティッセンクルップ社等）で実施しているような監査役会に労働者側と経営側が同数入り、役員人事や重要経済事項に際し、労使同数（票）で決まらない場合にはその調停、最終判定を（外部の労使推薦の）中立委員が下す方式が最善です。

――さらに、中小企業（従業員４９９人以下または年間売上高1億マルク以下）への労働者経営参加（企業共同決定法）の導入についてはどう考えていますか。

ラーマン　当然、中小企業に対しても企業共同決定システムを導入して労働者側の発言権を強化することは運動目標ですが、先ほど述べたように3分の1共同決定法を中小企業に適用することは問題があり、反対です。なぜならば、モンタン法の適用範囲がとても狭いので、その法改正から始めないといけないと考えているからです。

事実、私たちＩＧメタルの新会長は、「どうして（モンタン法）共同決定制を導入するのに社員の数が関係あるのか。民主主義的な方法、戦略というのは国家レベルで言えば、国民の数とは関係ない筈だ。それと同じ論理で、企業でも従業員の数に関係なく民主的に共同決定がなされるべきだ」と主張しています。だから、ＩＧメタルの運動戦略としてはその方針で動いています。

もちろん、中小企業にまでモンタン共同決定法の拡大適用にはとても長い時間が必要です。それが実現される前に経営協議会と共同決定の発展プロセスが本当に企業や労働者のために役立っているのか。その社会的確証が重要であり、文字通り、国民に「共同決定」の大切さ（＝社会的責任）を知らしめる運動を進めています。

この一環として、今の（ＳＰＤが入閣している）メルケル連立政権に対しても要請の政治活動を行っています。

経営協議会の権限強化の法改正は長期目標

――現行・事業所共同決定制（経営組織法：Betribsverfassungsgesetz）の課題と改善の方向性についてお聞きしたい。特に、金属産業分野（エリア）での経営協議会（コンツェルン・レベルの企業グループ別労使協議会（コンツェルン事業所委員会：Konzer nb etriebsrat）を含む）の設置率の増大・権限強化のための経営組織法の見直し・改正に関してはどう考えていますか。例えば、従業員１００人以上の企業レベルに設置される中央経営協議会の「経済委員会：Wirtschaftsausschuss」（経済事項の情報提供・協議権のみ）の権限を労働・雇用問題に直接影響、関係する経済事項（生産システム、事業所変更、新設備導入による人員削減など）に関しては、共同決定（Betrieblirhe Mithestimmung）＝仲裁（Einigungsstelle）事項まで拡大強化する法改正は検討されていませんか。

ラーマン　経営組織法の見直しに関しては、ご指摘された経営協議会の経済委員会の発言権をもっと増やすことなどの目標はありますが、まだまだ長い道程でしょう。それをＩＧメタル以外の産別・個別企業において、労働協約で実践しているところもあります。しかし、それは本当に経営協議会（労働組合）が強い企業（グループ）の例外であって、そこまでの法改正は今のところ、考えていません。

他方、自分の働いていた職場もそうであったが、わざわざ従業員２０００人以上の企業で会社の分割が行われ、前より労働者の発言権が弱い３分の１共同決定法を適用されたことに、ＩＧメタルとしては批判、問題視している。

中小企業への共同決定の拡大推進が重要

――ＩＧメタルにおけるＣＳＲ（企業の社会的責任）とＩＳＯ２６０００（２０１０年11月に国際標準化機構が発行した企業（組織）の社会的責任に関する国際規格）に基づくディーセントワーク（働きがいのある人間らしい労働）の取り組み現状と課題について、お聞きしたい。

ラーマン　産別労組（ＩＧメタル）として、ＩＳＯ２６０００の活用、推進に積極的に関わっていない。その理由は、最重要視しているのは「共同決定」（の拡大強化）であって、ＣＳＲは自由意思に基づくのが大事であり、義務化できないのが問題だ。つまり、ＣＳＲよりは共同決定の拡大推進がディーセントワークの実現に繋がる第一の発展プロセスだと考えています。

——これに関連して、ＩＳＯ２６０００に関する中小企業・サプライチェーン（下請け・部品供給網）対策については。

ラーマン　先ほど答えたように、たとえばＣＳＲを企業が推進している（中小の）事業所では労働組合や経営協議会の機能をなくしているのが問題です。ゆえに、経営協議会と労働組合を繋げて、両者の役割をきちんと機能させていくことがＣＳＲの目的を貫徹することになります。その意味でも、中小企業において、労働組合と経営協議会の数を増やすことが、私たちの最重要課題だと考えています。

非正規労働者対策の核心は何か

——日本でも、非正規労働者の問題解決はナショナルセンター（連合）の最重要課題になっていますが、ドイツの金属産業で働いている非正規労働者のための待遇改善（正社員登用制度、一般的最賃の導入、専門的技能教育の推進、アウトソーシング（派遣・請負労働）の改善）と、男女の雇用均等化政策（昇進・昇格、女性役員の割当制等を含む）について、教えていただきたい。

ラーマン　ＩＧメタルでも近年、派遣や非正規労働者が多くなっていることは問題視している。この対策としては、そもそも金属産業で働いている非正規労働者をまずIGメタルに加入してもらうことから始めないといけない。インターネットに組織サイトを設置して、ドンドン非正規労働者にアクセスしてもらう。そこで情報を集めて、実際にどんな問題が起こっているのか、知る必要があります。当然のことながら、IGメタル側に非正規労働者の組合員が少なければ、彼らの問題に発言権を持ち得ないので、非正規労働者の組合員を増やすことが大きな課題です。

また、国家レベルでの具体的な非正規労働者対策としては、ご承知のとおり、「一般最低賃金」（時給8・5ユーロ）が2015年1月より導入されました。さらに、非正規社員から正社員に登用する制度改革については、今の大連立政権の前の政府によって、非正規労働者の雇用期間が延びてしまったので、非正規労働者が希望すれば正規社員になれる在任期間を現在の2年から18か月（1年半）に短縮することが決定しました。これも2015年4月1日から施行されています。

そこで、IGメタルの非正規労働者対策では、労働条件の改善など正規社員との均衡待遇のため、人材派遣の業界団体との交渉で、金属・電機産業で働く派遣労働者の賃金への「特別手当」を支給することが合意されました。具体的には、2012年1月から実施され、勤務9か月の間に手当を6週間後15％、3か月後20％、5か月後30％、7か月後45％と段階的に引き上げ、最終9か月後には賃金の50％を賃金に付加して支払う内容になっています。

なお、この団体協定の有効期間は2017年12月までだったのですが、金属産別協約に拘束されない金属・電機産業の会社に対しても、派遣労働者を雇用した場合、この特別手当の協定内容が全面適用されます。

ところが、この非正規労働者問題も企業の経営協議会などで協議され、結局のところ、非正規労働者の雇用人数を何人までとか雇用計画で制限しないと、根本的な解決にはなりません。すでに、フォルクスワーゲンの場合、ドイツ国内のコンツェルン（グループ企業）だけでなく、全世界に展開している多国籍企業での非正規労働者の割合を全体で5％以下に限定する計画の協約化を進めています。

外国人労働者の社会統合と教育支援

――さらに、欧州で問題となっている金属・電機産業で働く移民・海外出稼ぎ労働者（外国人労働者）の現状とその改善策に関して伺いたい。

ラーマン　まず海外からの移民労働者の場合、両親がドイツ語を話せなかったりなど家庭や教育の問題があります。つまり、学歴とか一体どのような教育を受けてきたのか。それが職場において非常に影響が出てくるので、第一に教育の質を上げることから始めなければなりません。

事実、ＩＧメタルには数多くの外国籍あるいはドイツ国籍を持っていても移民のバックグラウンドを持っている労働者がいます。このため、幾つかの企業では経営協議会やＩＧメタルが移民の家族でもう学校を卒業しないで働くことを希望している人たちや、それから言語の問題などを抱えている人たちに対する教育の支援活動を行っています。

また、事務的手続きの問題になってしまうのですけれども、海外で教育課程を修了した。あるいは専門学校で技術を取得した人々の「証明書」というものがドイツ国内で認知されていないケースが多い。例えば、医者やエンジニア等の技能資格を持っていたとしても認知されていない場合は受け入れられるまでに相当時間がかかります。ゆえに、海外でそのような専門的技能を取得した労働者の資格の認知を高めることが必要です。

言い換えれば、労働市場の多様性はジェンダーに特化されがちですが、女性だけでなく、海外の移民のバックグランドを持つ人たちへの「社会統合」の促進が一番大切であります。現在、IGメタルでもその一環として「アンチレイシズム（人種主義反対）」の運動を積極的に行っていますが、企業にもキャンペーンを個別に展開しています。

SPDの新共同決定・労働政策

次に、DGBの最大支持政党で現在連立政権に参加しているSPD（社会民主党）がこれらの新共同決定政策の要請にどう対応したのか。シュレーダーSPD・緑の党連立政権時代の2003年からの両者の関係を振り返りながら、探ってみることにした。

まず最近におけるDGBとSPDの「友好関係」の推移だが、2014年EU議会選挙におけるDGB組合員の政党支持率を見ても分かるように、あまり芳しいものではなかった。事実、DGB組合員がＳＰＤに投票した割合は、ＣＤＵ・ＣＳＵ（キリスト教民主・社会同盟）等の他党全体支持率より少なく、２００５年総選挙からの減少傾向が続いていた。

ひるがえって、両者の関係がしごく冷却したのは、第二次シュレーダー社会民主・緑の党連立政権時代の２００３年に「ハルツ法」が成立したときであった。ハルツは、フォルクスワーゲン社の元・労務担当取締役でワークシェアリングの考案者として知られており、雇用危機を回避し、シュレーダー首相（当時）に近い人物であった。

このため、ハルツ法はドイツの財政再建や高失業の削減を目的にしている。最長派遣期間を12週間から24週間に延長する労働者派遣法の拡大つまり「労働規制の緩和」と「失業給付の期間短縮」及び「失業手当・社会扶助の統合化」（２００５年1月実施）などを骨子とする積極的労働市場改革案だ。これらの構造改革がドイツ、とりわけＳＰＤが長年維持してきた社会モデルである「福祉国家」を破たんさせたことはまちがいない。その背景には、ＥＵがドイツやフランスに高失業と財政赤字の削減を求めた事が挙げられる。

当然のことながら、こうしたハルツ法を推進するシュレーダー政権の「アジェンダ２０１０」政策に対して、労働組合（ＤＧＢ）は反対運動を展開した。世論も大半が反対し、５００万人の失業者に対する所得保障の大幅切り下げに合意した与野党への不信感は高まる。それは、２００６年にメルケルＣＤＵ・ＣＳＵと大連立政権が組織されたことでも解消しなかった。これを機に、ＤＧＢ組合員のＳＰＤ支持率は一気に低下、特に若者票はその後、ＣＤＵ・ＣＳＵや左派党（Linke：旧東独共産党と

DGBを離脱した新左翼の合併政党)、AFD(ドイツのための選択肢)に流れる結果となった。中でも、旧西ドイツ労働者に較べて所得水準が低い旧東ドイツのDGB組合員が、近年の全国総選挙(2009年、2013年)において、左派党に一番多く投票しているのは特筆される。

この流れを受けたこともあって、メルケル政権(自民党と連立)は2012年、低所得者対策として、課税最低限を週給400ユーロから450ユーロに引き上げた。また、2015年1月から施行された「一般最低賃金(全国一律法定最低賃金)」(時給8・5ユーロ)の制定には、(当初CDUは反対していたが)SPDの協力、支援があったことは確かだ。さらに、現在メルケル政権の少数派として連立を組んでいるSPDは急増する非正規労働者対策の一環で、現行の正社員登用制度について、派遣を含めた非正規労働者が2年勤続すれば正社員になれる法規を18か月に短縮する改善案をメルケル首相に要請し、議会で可決させた。2014年1月から施行されている。

こうした成果もあって、紆余曲折の波乱含みであったDGBとSPDの支援関係はシュレーダー政権が誕生した1997年総選挙当時の良好状態にいま回復しつつあると言えよう。

今日の命題であるDGBの新共同決定政策の要請に対して、SPDはどう応えたのか。これについては、ベルリンのSPD本部で会見したヤン・ブラームストSPD中央執行委員(労働政策担当)とのインタビューで明らかにしたい。

——最初に、現行・企業共同決定法の改善の方向性に関して教えていただきたい。例えば、従業員5

００人以下の中小企業への二元型ボードの導入や、大企業（従業員５００人以上）へのモンタン法［完全同権の共同決定制］の適用などを法制化する考えはありませんか。

ブラームスト　その質問は、ＤＧＢが要請してきた共同決定権の拡大案と重なるのでお答えする。一つは、モンタン共同決定法を鉄鋼、石炭・鉱山業以外の全産業（従業員１０００人以上企業）に適用することを求めたものだが、ＣＤＵに完全拒否された。残念ながら、ＤＧＢ案を推し進めることは何もできなかった。いまの連立政権で可能なことは従業員２０００人以上企業で認められている２分の１共同決定法を１０００人以上に拡大する改革案だ。

また、中小企業（従業員５００人以下）にも企業共同決定制（法）を導入する方向性に関しては、大企業と同様、完全な平等の状態にもっていくというのにはまだまだ時間がかかる道程だろう。それよりも、中小企業に設置されている経営協議会（経済委員会）の権限を拡大強化することが先決だと思う。例えば、労働環境と雇用に直接影響する事業所変更や生産システム、新設備（技術）導入に伴う人員削減などの経済的事項に関して共同決定権を付与することが考えられる。

――非正規社員が経営協議会の選挙権・被選挙権を正社員並みに確保する経営組織法の改正案についてはどうか。

ブラームスト　これも（経済界に配慮する）ＣＤＵ（メルケル首相）に打破された。ただし、企業の監査役会における女性役員のクオータ制の要請に関しては、ＥＵ基準の勧告もあり受け入れられるものと考えている。我々としても、２０１６年までに監査役会の30％を女性の役員が占めることを目標にしている。もちろん、このクオータ制は二層制企業の経営重役会（執行役会）にも導入される必要があるが、今のところ監査役会の女性比重を増やせば、執行役員の女性の数も当然増大していくと考えている。

――なるほど。それでは、次回秋の総選挙勝利でＳＰＤができる新共同決定・労働政策を挙げていただきたい。

ブラームスト　まずは単独政権が望ましいが、かつて連立政権を組んだ緑の党や左派党との連立政権でも構わない。ＳＰＤが主導して、先に述べた2件のＣＤＵにダメにされたＤＧＢの共同決定法案を成立させる方針である。その意味でも、社会の格差是正を核心に全体労働者の7割を占める中小企業労働者のディーセントワークの実現や、外国人労働者の社会統合化（技術資格の認定促進等）、派遣を含む非正規労働者の処遇改善策を現連立政権の中でも尽力している。

ドイツ共同決定制度のグローバル化

いまヨーロッパでは、「欧州会社（Societas Europeae：SE）」の発展によって、ドイツの共同決定制度を欧州全体に等しく定着させるための可能性が高まっている。事実、ＤＧＢは欧州各国の労働組合と共にこれに取り組んでおり、かつドイツ政府と欧州の各種関係機構には「産業民主主義（労働者参加）」という意味において、共同決定をより促進、強化することを求めている。まさにＤＧＢにとって、共同決定制度は「自らの労働組合（運動）の成功の歴史における中核的存在であり、またすべての労働者の職場正義、民主主義尊厳のために、この制度は必要とされる」と宣言している。これを踏まえて、ＤＧＢは自国の共同決定制度をＥＵレベルにまで、欧州会社等に拡大展開する方針である。

欧州会社に適用拡大

例えば、欧州会社（法）の活用によるマネジメント（経営）・所有者側のメリットとしては、ＥＵ域内で単一法規の適用を受けることができるようになり、行政手続きや情報開示等に関する時間やコストが削減できる。また、労働者側のメリットとして、ＳＥ創設が参加企業における既存の労働者経営参加制度の消失または縮小を伴わないよう配慮されており、特に二層制企業のガバナンス構造を選択したＳＥでは、妥当する共同決定制度を欧州レベルで適用し、拡大統一できる。これこそ、ＤＧＢが期待していたことに他ならない。

すなわち、ＥＷＣ（欧州労使協議会）指令（１９９４年成立）との相違は、Ｍ＆Ａ（合併・買収）や工場閉鎖・移転等の経営変更つまり企業（グループ）の再編計画について、ＥＷＣ指令の場合は労働者側に情報提供と協議権しかないのに較べて、欧州会社法では経営ボード（最高意思決定機関）に従業員代表が参加し、共同決定できるメリットがあるからだ。

具体的には、ＳＥ法指令の従業員経営関与（共同決定）権に基づき、ＳＥプランの合意後、ＳＮＢ（特別交渉機関）とＳＥ経営側との交渉により、経営ボードへの労働者代表数やＳＥ労使協議会（Ｗ

C）の設置を決定する。ただし、ボード（企業構造：一層制または二層制）の選択は、実際はマネジメントと所有者が決めるとしている。この交渉で合意できない場合、フォールバック規定（標準ルール）が採用され、合併（従業員25％以上）、子会社（同50％以上）、持ち株会社（同50％以上）の設立方法の場合、登記前の参加企業で施行されていた労働者経営参加制度で最も従業員代表参加数の高率な経営参加モデルが適用される。

また、既存多国籍企業（グループ）（本社移転の場合も、2年間存続）の組織変更も、SEの登録事務所が存する加盟国の法令によって規定された従業員の情報と協議、妥当する場合には経営参加制度が適用されるのが通例である。

この中で、注目されるドイツSE（ドイツに登記された欧州会社）は全体で292社、うちノーマルSEは138社だった。このノーマルSEの中で、過半が単一役員会制（一層制）を採用しており、（ドイツ外の）親会社のガバナンス制度が適用されたか、所有者が監査役会の必要性を認めなかったケースが多いとされる。実際のところ、ドイツSE（ノーマルSE135社）のうち、95社が二層制、残りの40社は一層制を採用し、95社のうち12社が労使同権（2分の1）共同決定システム、28社が3分の1共同決定システム、55社は企業監査役会への労働者参加のない状態になっていた。

それはともあれ、DGBは欧州会社法（従業員関与指令）を活用して、ドイツ流の強い共同決定システムの本格グローバル化・拡大強化をはかる戦略であり、今後の成り行きを期待したい。

ＡＩをめぐる新共同決定政策と労働組合の役割

周知のように、日本における経済のデジタル・グローバル化、新自由主義の流れは、市場原理主義、反福祉国家、労働規制緩和と結合して、低経済成長の中でワーキング・プア（働く貧困層）や生活困窮者、大量の非正規労働者（全雇用労働者の約４割）を生み出し、巨大なる「特権・不平等の格差社会」を形成した。

しかし、これに抗して〈福祉社会〉を堅持、充実してきた国もある。北欧のスウェーデンやデンマーク、そしてドイツ、オーストリアなどの経営・産業民主主義＝労働者参加（共同決定）を法制化している国である。これらの国は、グローバル・カジノ（金融）資本主義やテクノクラシー（高級専門家の経済産業支配）に反対する組織的キャンペーンを強力に展開している。換言すれば、「経済民主主義」の出番が再び、やってきた。

そこで、筆者が２０１８年６月に訪問、取材したドイツのＤＧＢ（ドイツ労働総同盟）の労働社会運動の新潮流「社会民主主義の復権の道」について考察したい。

ＤＧＢの組織現状と今後の課題

最初に、ＤＧＢの組織現状について。ＤＧＢによれば、２０１７年末現在のＤＧＢ傘下の産別組合の組合員数は全体で599万5437人となり、初めて600万人台を切った。組織率も14・8％（ドイツ全体18・7％、組合員総数758万1456人）と減少し続けており、労働協約の拘束率も低減傾向にあることはまちがいない。事実、労働協約（産別・企業別協約合計）の拘束率をみると、1998年から2016年の間に、旧西独地域で76％から59％、旧東独では63％から47％にまで低下した。

この辺の事情について、DGB中央執行委員のフランク・ザック国際・欧州労働組合政策課長は、「ドイツでも、1900年代初期に経済バブルが弾けて、企業倒産が相次ぎ、深刻な不況期の中で組合員数もドンドン減少して行った。その頃は、労働組合のスタンスは敵対的で、労働協約の拘束も（経営者団体側が逃げ腰で）非常に弱くなっている時代に入った。しかし、リーマン・ショックの世界経済危機があった2008年から、状況は変わりつつある。労働組合はプロブレム・メーカーでなく、問題解決の立場で強くなっていくわけだ。現在、若者労働者を中心に毎日800人ぐらいのDGBメンバーが増えている。でも、ドイツも高齢化社会になっているので、定年退職等でシニア・メンバーが毎日800〜900人減少する。だから、差し引きすれば、全体としての組織率は若干、減少気味であるわけだ」と説明してくれた。

そこで、今後の組織拡大強化策については、「それは産別組織の目的・役割ですが、特に、中小企業で働く若者やフリーランス等に労働組合の仲間に入るよう働きかけることです。実際、IGメタルは労働協約拘束率が50％以下の旧東独地域を重点に組織拡大に取り組んでいる」と強調した。

そして、DGBが現在取り組もうとしている運動課題に関しては、①年金制度の改善（クラウドワーカー等の社会的保護を含む）、②共同決定法の拡大強化、③労働者側の政治力強化、④労働協約拘束率の向上（目標・60％以上）など、4項目を挙げた。

この中で、③の課題（チャレンジ）は、DGBが連邦・州・市町村（コミューン）レベルで、連帯するSPD（社会民主党）の強力な支援者になることだという。

ドイツにおけるAI革命と労働組合の対応

ところで、ドイツの雇用はIoTやAIの導入により、どう変わるのか、あるいはどう変化しているのか。この面で、DGBは、連邦労働社会省が2016年に公表した「労働（ワーク）4・0」（AI革命の雇用対策）を、どのように評価しているのか、取材したので明らかにする。

「労働4・0」による雇用対策――継続的職業訓練の必要性

具体的に、この辺の事情をさぐる前に、まず「労働4・0」の雇用に関する立場をみてみたい。

これによると、経済のデジタル化の加速シナリオで、生産性の効果の影響で成長と雇用にポジティブな影響が予想される。ドイツの労働市場にとって、デジタル化の加速は構造変化を意味している。それゆえ、全体で75万人の雇用の喪失が27の産業経済部門、たとえば商業、紙ないし印刷業、公的部門で発生する見通しだが、雇用全体では100万人の雇用創出によって、13の業種（機械の構築、IT業、研究および開発等）で代替えされるだろう。これにより、差し引きで2030年までに約25万人の雇用が増加するとした。

さらに、雇用の影響に女性が関わることになり、「自動化の潜在性がわずかである健康、教育、社会福祉の職業では、需要増大になっていく」とされる。

一方、経済のデジタル化によって、時間管理についての評価手続きから、給料算定までデジタルに処理され、就労全体が監視・記録されることになる。このため、「監視問題」は国家的な規制が必要となる。2016年に、欧州議会と理事会は「欧州データ保護基本規則」を採択し、個人情報の記録と処理に関する法的な保護水準を提示した。

そこで、「労働4・0」では、雇用確保の要請と特に「継続的職業訓練」が重要であるとの指摘がなされている。経済のデジタル化が進む中で、長期失業者と低資格（技術）者をいかに「職業資格」へと導き、労働世界に居場所＝雇用を見つけさせることができるかが優先課題だとして、以下の方策を列挙している。

- 専門的な労働力確保
- 教育――デジタル・リテラシー
- 発展的継続職業訓練促進法（低資格者、長期失業者、高齢者）――訓練費・生計費補（社会保険料、企業と個人、税）
- パイロットプロジェクト

- 職業訓練校中途の者（ニート）への対策――デジタル化に備えた追加的な資格教育のための連邦政府のモデルプロジェクト（職業訓練機関との協力が不可欠）
- 教育継続訓練の戦略――国家継続訓練会議において、連邦政府（省庁）、州、社会的パートナー（労働組合・経営者連盟）や他のアクターとの協議
- デジタル化の能力をより考慮した学校や職業訓練校（デジタルリテラシー）

ＤＧＢ・ＩＧメタルのＡＩ革命への雇用対策

それでは、これに対応する労働者（組合）側の見解はどうか。ＤＧＢによれば、「将来の労働」について、デジタル化のための準備は、「労働者教育」を一番重視するスタンスである。とりわけ、新技術を導入する企業において、「人員削減等の雇用問題が発生する場合、事前の情報提供と交渉を義務付ける」（カイ・リンドマンＤＧＢ政治戦略企画担当中央執行委員の話）。

このため、現行事業所組織法（経営組織法・１９７２年）を改正して、労働保全／保護の観点から、企業投資計画及び新技術・機械（ＡＩ・ＩｏＴ）の導入に伴う雇用計画（国の労働４・０政策＝継続的職業教育訓練を含む）に関しては、仲裁事項（共同決定権事項）とするよう要求する考えである。なお、国の新しい労働時間モデルは研究中だが、経営者側が要求している賃金・労働時間のフレキシブル化には反対の立場を明らかにした。

これを受けて、ＩＧメタルでは、「どのように教育訓練を受けたいか」を計画し、労使経営協議会

（経済委員会）で、使用者側と協議する（使用者側は組合提案を検討）。労働協約（経営協定）で、特に「継続的教育訓練」の開始と期間（最長7年まで戻れる）、労働の免除（種類、範囲など）、教育訓練講座（賃金の7割補償）、休暇、公的な促進プログラムによる財政支援（低技術資格者、高齢労働者、賃金の大部分補償）、継続教育訓練終了後の継続就労を締結することを要求する方針である。

クラウド・ワーカーの組織化推進

日本でも経済のグローバル化やAI・IoT革命が進展する中で、クラウド・ワーカー（Crowd Worker）や個人請負就業者が増大し、新たな不安定雇用労働、格差問題が惹起されている。

DGBでは、ドイツにおけるクラウド・ワーカーの産別組織化、ネットワークや法的保護策について、その傘下のIGメタルと統一サービス産業労働組合が3年前に、クラウド・ワーカーの「プラットフォーム」に関して問題の把握、研究・調査を開始した。

これによれば、ドイツ国内のクラウド・ワーカーの人数は世界中の成長とは逆コースで、目立って増大していない。実際、クラウド・ワーカーは国内に90～100万人いるが、DGBの立場は、大部分のクラウド・ワーカーはパートタイム労働者として位置付けている。また、ドイツでも、AI・IoT革命が進展する中で、個人請負就業者（独立自営業者とも呼ぶ）が増加しており、約300万人が存在するとされ、DGBはこれらの雇用フリーランスに対して、国の社会保険（失業・年金・健康保険）に入るよう求めている。これは、連邦社会労働省「白書」にも明記されており、特に年金保険の加入促進が主眼になっている。

こうしたことから、統一サービス産業労働組合（Ver. Di）が、クラウド・ワーカーの組織化に積極的に活動を展開しており、現在3万人以上の組合員を確保している。

「共同決定」と参加の実状と優先課題

一方、これらのDGBのAI革命に対応する「労働4・0」の取り組みについては、ドイツ労働社会省は「ソーシャル・パートナーシップに基づくトランスフォーメーションに関して、現場レベルでのデジタル化の形成に常に労働者を参加させることが成功への必須条件である」（マルティン・ポール在日ドイツ大使館労働・社会担当参事官）と評価しつつも、「労働4・0」の対話促進プロセスである団体交渉と共同決定は、過去10年にわたり、下降傾向にあると分析している。

言うまでもなく、「共同決定」は、労働社会省にとって極めて重要な法制度であるが、現況は大企業・中小企業にせよ、「曖昧な労使関係」という実態も生まれつつある中で、伝統的な共同決定の仕組みが構造的に失われつつある局面にあり、従来のように重要な（経営）決定に従業員を関与させる労働者参加を確保していくといったシステムが機能しなくなるのではないかという懸念を抱いている声が強いのだ。

例えば、ある企業で100人の従業員が10か国で分散して働いているという。実際に、彼ら従業員同士が顔を会わせることはなくて、インターネットで繋がっているだけというような状況の中で、労使の共同決定（制）を如何に実現していくのか。ポール参事官は、「非常に困難な問題であろう」と言い、賃金・労働協約関連の法制化についても同じことがいえる。これは、国としての制度なわけだが、「果たして、バーチャル企業の場合には何を適用させていくのかということも、今後考えていかなければならないだろう」と話した。

それゆえに、ドイツ政府のアクション選択肢として、同参事官は、①従来の法的枠組みは概ね適切である、②団体交渉範囲の安定と拡大、③労使（経営）協議会の「労働者代表」の確立、④ソーシャル・パートナーシップを通して、「未来の働くかたち」を創るための「試験的スペース」または「実験室」を支援する、⑤労働の新しい品質への取り組み（INQA）」による拡大と移行の実現を図ること等の5つのポイントを挙げた。

DGBの新共同決定政策と戦略的課題は何か

そこで、筆者は、この「労働者参加（共同決定）」の課題と戦略目標などについて、DGBの共同決定政策部長（責任者）のレオナルド・タニッシュ氏にインタビューした。その内容は、次のとおりである。

――DGBは、重点活動方針として、「今こそ、共同決定を！」を掲げているが、その具体策を伺いたい。

タニッシュ　共同決定法は、今日ドイツの労使関係の健全・民主化のための重点活動政策として中心的な役割を果たしています。つまり、企業の最高意思決定機関である監査役会において、労働側と株主（資本）側の代表者が2分の1ずつ対等に参加する必要があるという指摘は当然であります。

実は、私たちにとっても、従業員1000人以上企業の鉄鋼、石炭・鉱業部門に適用されているモンタン共同決定法が一番よい制度だと考えています。ゆえにDGBが一番に要求している政策目標は、現行の2分の1共同決定法（1976年）を1000人以上企業に導入すること、適用範囲の拡大です。

2つ目の要求は、今の2分の1共同決定制に「中立的監査役員」を入れてほしい。なぜなら76年共同決定法では、監査役会で労使同数の票数で決まらない場合、（資本側選出の）議長が2票を投ずることができるからです。総じて、従業員1000人以上企業すべてにモンタン共同決定法を適用する法改正を政府に要求している次第です。

――中小企業（従業員499人以下または年間売上高1億マルク以下）への企業共同決定法（Mitbestimmungsgesetz）の導入については、どう考えていますか。

タニッシュ　当面は、EUの大企業基準である従業員250人以上企業への3分の1共同決定法の導入です。

――最近、3分の1共同決定法の適用を受ける有限会社のうち、実際に、労働者参加の監査役会を設置しているのは56%という記事を見つけたが、この場合、当該法の適用なくても、企業に制裁はないのか、教えてほしい。

タニッシュ　ありません。ただし、使用者側がそのような監査役会を設置しない場合は法律上、従業員代表委員会が適用を当該地域の労働裁判所に申請できます。これは、「労使経営協議会（Betriebsrat）」の設置についても言えることで、事業所組織法における要件を満たしているにもかかわらず、事業所委員会（経営協議会）が設置されていない事業所がある場合、従業員側は要求しても使用者側が事業所委員会を設置しないときには、経営協議会の設置を労働裁判所に申請できます。ゆえに、記事にあった労働者参加の監査役会が無い有限会社の44%は、従業員代表委員会が共同決定法適用の監査役会を要求していないんです。労働者側に権限がある裁判を申請することに心理的に遠慮している面が多いと思います。こうした企業には労働組合がなくて、つまり労働者の力、パワーが弱い企業には従業員代表委員会自体も設立されていないケースが多いわけですよ。ちなみに、従業員5人以上企業のうち、事業所委員会を設置している企業の割合は9%、従業員全体に占める割合は41%にとどまっています。この統計は２０１６年時点のもので、労働組合のない事業所で設置される経営協議会の数は入っていません。

今のフォーカスは、共同決定法には法律的に抜け穴があります。ドイツ国内企業が成長するにつれ従業員が増えるため、たとえば２分の１共同決定法の適用を回避するために、本社を他のＥＵ諸国に移転するなどして、欧州会社（ＳＥ）を設立する動きが活発化しています。その結果、本社移転先であるチェコやポーランドなどのＥＥＡ（欧州経済圏）では労働者経営参加制度がまったくない国が多く、ドイツ企業に適用されていた共同決定法が除外される。それはマジックで、企業にとってはしごくメリットがあるわけです。

――事業所組織法に盛り込まれている経営協議会（従業員代表委員会）の主な権限は、産別労働協約を事業所（企業）ごとに実現する（労働組合の）役割をもつとともに、経営変更（事業所の統廃合等）の際の社会（合理化）計画や、労働者の採用・解雇・配置転換等に関して「共同決定権」を有する。そこで、現在、日常的になっている企業再編への対処方法として、事業所委員会の権限強化をはかる考えはありませんか。例えば、従業員１００人以上の企業レベルに設置される中央経営協議会の「経済委員会」（Wirtschaftsausschuss：経済事項の情報提供・協議権のみ）の権限を労働・雇用問題に直接影響、関係する経済事項（企業再編・事業所変更、生産・販売・サービスシステムの変更、新技術（ＡＩ・ＩｏＴ等）設備導入による人員整理など）に関しては、共同決定（Betrieblirhe Mithestimmung）＝仲裁（Einigungsstelle）事項まで拡大する法改正は考えていませんか。

タニッシュ　それは非常に良い提案です。ＡＩ革命の雇用対策で我々が述べたように、労働・雇用問題に影響する経済事項に関しては、事前協議・共同決定事項にすることが不可欠だと考えています。

――欧州レベルへの共同決定拡大策として、ＥＴＵＣ（欧州労連）が２０１６年秋に欧州委員会に提出したＥＵ枠組み指令としての欧州会社・欧州協同組合への「労働者代表役員制度」（ＷＢＬＲ）の新基準の導入（案）については、どう評価されていますか。

タニッシュ　もちろん大賛成。その意味でも、2019年5月のEU議会選挙で欧州社会党グループが勝利し第1党になることが大切です。それにより、欧州委員会の役員を変えて、EU理事会で「EU枠組指令」（コンパクト）を採択、欧州議会でパスして（1～2年後）の施行に移すことが肝要であります。

モンタン共同決定制を導入したティッセンクルップの実態調査結果

それでは、モンタン共同決定法と76年共同決定法の構図を、筆者が訪問したティッセンクルップ・グループ本社（エッセン）とその鉄鋼部門の子会社「スチール・ヨーロッパ（TK SE）」（ジュイスブルグ）で示そう。

ティッセンクルップ企業グループ（国内従業員15万4288人・総売上高4兆6000億円）の場合、モンタン共同決定法は唯一、子会社のスチール・ヨーロッパ社（従業員2万7146人）に適用されており、親会社のティッセンクルップ本社には適用されていなかった。親会社には、76年共同決定制が導入されており、IGメタルから、本社の労務担当執行役を指名、派遣されていた。

その理由は、1956年の共同決定補充法(注1)にある。親会社が自らは鉄鋼業を営んでいなくても、鉄鋼業を営んでいる子会社を支配しているときは共同決定補充法により、親会社にもモンタン共同決定法が適用されることになっている。しかし、ティッセンクルップの場合、共同決定補充法の適用要件を充たしていないので、親会社にはモンタン共同決定法が適用されていなかったのだ。つまり鉄鋼業を営む子会社（ＴＫ　ＳＥ）の売上高で２０００億円、従業員数で４７４６人少ない計算となる。

ティッセンクルップ本社は持株会社形態をとっており、親会社としてグループ傘下に５つの子会社を持つ。元々、ティッセンクルップは、製鉄を中心として機械なども手がけてきたデュッセルドルフのティッセン社と、製鉄から始まり重機や兵器を製造していたエッセンのクルップ社という、ドイツを代表する２つの重工業コングロマリットが１９９９年に合併、設立された巨大企業である。同社の筆頭株主は、アルフリート・クルップ・フォンボーレン・ウント・ハルバッハ財団であり、株式の25・1％を保有していた。現在の資本構成は、外資（スウェーデンのインベスタ国際投資信託会社18％等）が69％、クルップ財団21％、個人株主10％の順。本社は、当初はデュッセルドルフに置かれていたが、２０１０年にエッセンに移転された。２０１５年現在の従業員数は約16万人。多国籍企業（79か国、２０００事業所）であり、日本には東京都・羽昨市・豊田市・広島市・北九州市に拠点を持っている。特に、鉄鋼事業は、ルクセンブルグのアルセロール・ミッタル社に次いで、ヨーロッパ第二の生産を手がける巨大スチール・メーカーに成長した。

主な事業内容は、以下の各事業部門を持つコングロマリット（複合）企業であり、総売上高は、年間５兆６０００億円（２０17年9月期連結決算）で、５つの連結子会社を保有する。ティッセンクルップの主要子会社としては、国内にスティールヨーロッパ社（鉄鋼事業）、インダストリアルソリューション社（造船・土木事業）、マテリアルサービス社（貿易・サービス業）、エレベータテクノロジー社

（エレベーター・エスカレーター事業）、コンポーネントテクノロジー社（自動車部品業）の5社を持つ。また、日本、中国など79か国に子会社2000事業所を傘下に置いている。

ティッセンクルップにおける親会社（グループ本社）の主な役割・権限は、グループ・コーポレート機能と総合的経営戦略機能を主導することである。具体的には、グループ経営計画の策定や事業の売却・撤退の判断、M＆A等の企業組織再編（リストラ）の最終意思決定、グループ会社の中長期設備投資の決定、そして直轄事業子会社の社長（幹部）を含めた経営人事権を持株親会社として保有している。各子会社は、本社との連携の下にグループ会社のコーポレート機能である本社が策定した各種規定に基づくリスク管理及び経営・雇用計画の作成ガバナンス、短期的な設備投資の決定、財務管理や職員人事・労務管理、現場でのコンプライアンスと、各事業に特有の研究・技術開発、生産・販売・サービス計画の策定・オペレーション管理などの事業運営機能を遂行する役割を持っている。

その立場からみると、日本の事業・持株会社を核とする企業グループに比較すれば、グループ内の権限や責任・役割がかなり子会社に分掌、分権化している相違が指摘される。

実際、モンタン共同決定法を適用しているティッセンクルップ・スティールヨーロッパ社では、2010年以降にスペイン工場の閉鎖問題が起こり、同社の監査役会で労使代表の交渉の末、満場一致で解決したという。つまり、同社のコンツェルン（グループ）経営協議会において、企業の信頼できる経営情報（生産・販売実績、その見通しや競争相手の状況など）が詳しく提供された結果、ストライキなしに雇用を確保できたと。この成果について、筆者と会見したティッセンクルップ・スティールヨーロッパ社のテキン・ナジコール労働者監査役によると、「景気ダウンによる工場閉鎖で３００人ほどの人員が解雇の危険に迫られたが、モンタン法によりドイツの本社工場で働き、景気回復でまたスペインの工場再開によって、家族と共に母国に戻ったケースがあった」ことなどが紹介された。

企業再編と共同決定制の効果

ところで、最近のドイツ・メディアによれば、「親会社ティッセンクルップの監査役会が子会社の製鉄部門とインドのタタ・スチール社との欧州鉄鋼事業を統合することに同意した」と報じた。具体的には、両社が折半出資の合弁会社「ティッセンクルップ・タタスチール」を設立し、オランダのアムステルダムに本社を置く予定である。

筆者がティッセンクルップ・グループ本社を訪問していた当時（２０１８年６月）は、まさに合弁問題で、労使がギリギリの交渉を続行していた。両社はこの事業統合を通じて、全体の８％に当たる約４０００人の人員整理に踏み切る方針である。対象は、事務管理部門と生産部門が２０００人ずつで、双方が均等に実施する計画だ。このため、ティッセンクルップ・グループの労働者やＩＧメタルは計画当初から合弁に反対の姿勢だった。その理由は、スチール・ヨーロッパ本社工場において２０００人のリストラ（雇用削減）が起こる。また、合弁会社の本拠地をオランダに設置することにより、（ドイツの）共同決定法や事業所組織法が適用できなくなる。さらに、新会社が折半出資の合弁会社であることから、ティッセンクルップ企業グループから離別し、コンツェルン事業所委員会及びＥＷＣ

（欧州労使協議会）と疎遠関係になるからだ。

いずれにせよ、今回の合弁会社の「設立同意」の決着は、結局のところ、ティッセンクルップ親会社に適用されている資本優位の２分の１共同決定法の陥穽かもしれない。

今後は、ティッセンクルップ・コンツェルン（グループ）経営協議会での「社会計画」の策定作業に入ることになるが、その交渉の行方が予断を許せない情勢だ。（注２）

オペルでの企業再建の道

マイルストーン合意で完全な共同決定制を導入

これに関係して、労使自治の「マイルストーン合意」による共同決定制で企業再建を果たした実態について、オペル自動車（本社所在地・リュデンスハイム）の企業調査で明らかにしよう。

そして、また現場からのドイツ共同決定の今後の課題・展望に関しては、オペルの企業再建で大きな役割を果たしたクラウス・フランツ氏（元オペル監査役会副会長兼中央経営協議会議長）のインタビューによって追求したい。

最初に、企業オペルの設立過程について。オペルは、１８６２年に「アダム・オペル自動車会社」として設立された。その後１９２９年に、米国ＧＭがオペル社を買収し、１００％子会社となる。そして、２００８年秋から本格化した金融危機の影響を受けて、オペルも経営危機を迎えることになった。そこで、当時のメルケル政権（社会民主党シュタインマイヤー副首相ら）がオペルの救済に乗り出し、GMの一時（経営）破たん前に、公的資金の導入等「企業再建策」をまとめた。

これによると、企業株式（自己資金約4550億円）の出資配分はGM35％、オペル労組10％、カナダ自動車部品メーカー・マグナ社22・5％、ロシアの銀行スーベルバンク22・5％などで4者と合意に至る。2009年末には、オペルの企業再建交渉の労働者代表であるフランツ中央経営協議会議長（当時）が監査役会会長（GM）との間で、2012年までにコンツェルンの全従業員（3万4000人）の、1人の解雇者も出さない労使協定（協約）を締結。一方、労働者側も、新たに年間30億円の研究（技術）開発資金を集めて、企業寄附した。これは、「マイルストーン合意」を受けて実施したものである。

マイルストーン合意とは、「全雇用者の職場を確保する立場から、車の生産過程における3つのステップ＝①企画、②投資、③生産開始の三段階において、共同決定権を行使する」。すなわち、企業の最高意思決定機関である監査役会における議長（資本側）の1人2票を禁じ、完全同権による共同決定権を遂行することである。一種のモンタン共同決定法（1951年）の適用と言っても過言ではないだろう。

企業再建以後の共同決定の流れ

オペル社の現状だが、従業員数は2014年3月現在でドイツ国内1万8000人、欧州レベルで

4万人（うち、派遣を含む非正規社員2800人）の合計5万8000人となっている。

オペルの監査役会構成は資本側10人、労働者側10人（うち組合員3名、中間管理職1名含む）で、前記した「モンタン共同決定法」を適用し、外部からの仲裁委員を置く。ただし、現在のオペル本社の監査役会の会長はGM側、副会長は労働者側から選出されている。CEO（社長）はドイツ人。監査役会の権限は、企業（グループ）の最高意思決定機関として、本社及び子会社の経営執行役員（150人）の任免権（人事権）と、本社経営役会（執行役員会）における業務内容に関わる同意権限がある。

具体的には「重要な投資の決定（投資計画）」や「一定額以上の借入（財務計画）」「不動産の持ち分の譲渡・売却」「企業のM&A（合併・買収）、事業所（工場）閉鎖、移転・分割（企業再編・再生（リストラ）計画）」「製品・市場コンセプト（戦略・生産販売計画）」「役員給与・報酬」「コンツェルン（傘下企業グループの組織と組織構造の基本的変更）」「資本参加」「経営全体計画・経済計画」に関するもの。さらに、取締役会（経営役会）から、四半期ごとに業務報告や年1回の企業の経営方針などの報告を受ける権利が保証されている。

図2-4のオペル自動車・リュッセルスハイム本社工場における経営協議会の組織と任務分担にあるように、オペルの「中央経営協議会」では、各事業所から代表された60人で構成。経営委員会委員（11人）が会社側と実質的な交渉を行う。主な仕事は、金属経営者連盟と締結した「産別労働協約」を事業所において具体的に実現する任務を負う。それは、「経営協定」という形をとる。その他、（事後処理機関として）経営変更後の社会計画（合理化）などで共同決定権を行使する。オペルでは、「経済

図2−4　オペル自動車本社・経営協議会の組織構成

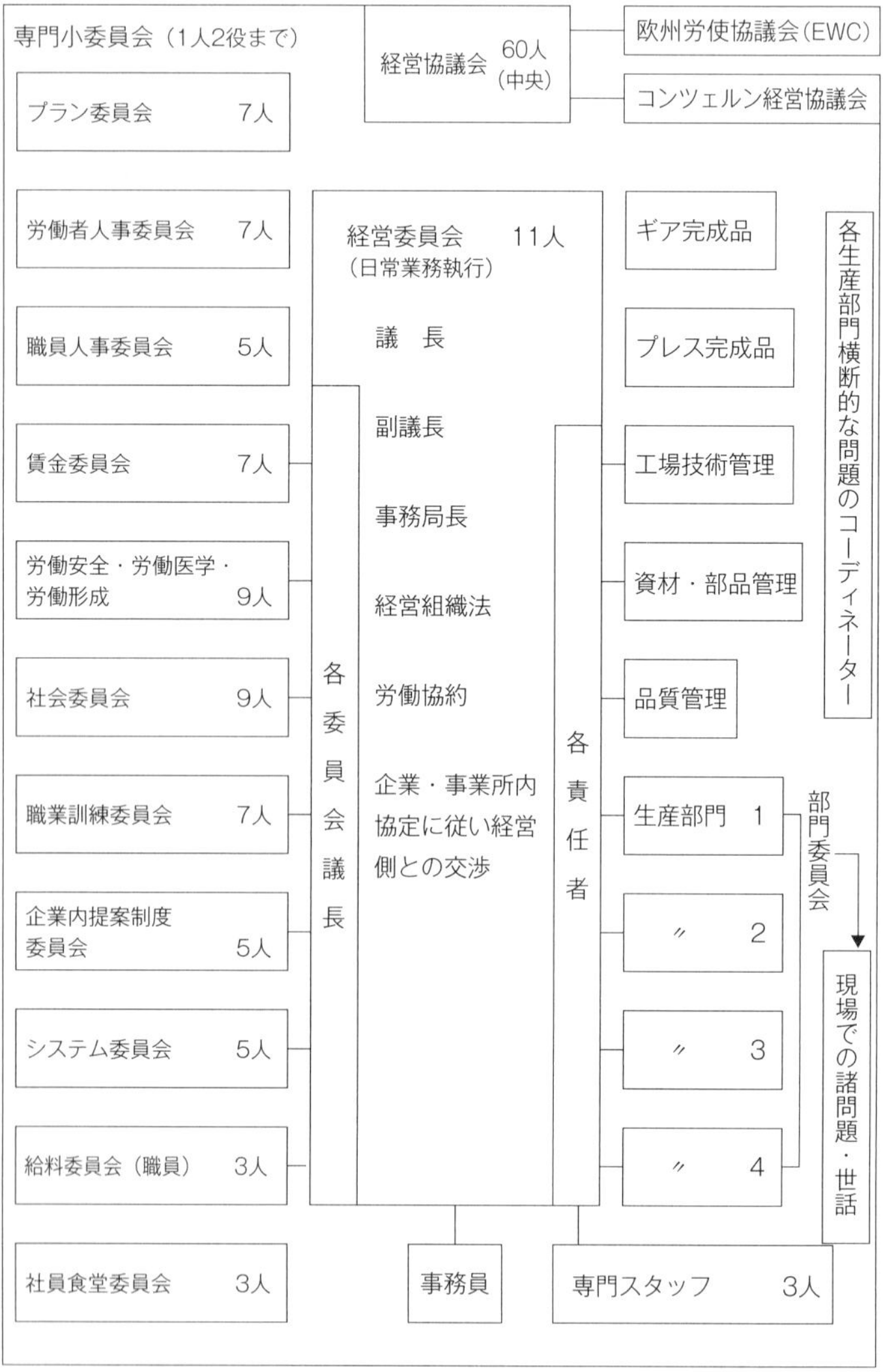

委員会」を通しての経済的事項についての情報権を持つ。

また、オペル再建の中で、全従業員の雇用確保を一番に掲げて、ワークシェアリングや役員を含む「ウェジ・シェアリング」を実施してきた。

一方、最近オペルでは非正規社員の契約完了と併せて、工場の一部閉鎖を実施したとされる。オペルは2010年以降、新たにオーストリアとスペインに子会社（工場）を創設。欧州グローバル（多国籍）企業として本格展開することになった。

オペル経営危機の最大要因――GMのコーポレートガバナンス破たん

そこで、オペルの経営危機に際し、国も介入した企業再建交渉の労働者代表であり、一番の立役者と言われるクラウス・フランツ氏（前出）に、企業再建交渉で得た成果を踏まえて、ドイツにおける「共同決定」の現状と課題、さらに共同決定法の将来展望などについて聞いてみた。

――まず、2009年企業再建時のオペル本社の監査役会（Aufsichtsrat）におけるコーポレートガバナンスの実態で、労働者監査役の経営チェック、経営参画の役割と重要課題はどのようなものであったか、教えてほしい。

フランツ　その前に、一番に知って欲しいことはオペルの経営危機を招いた根本原因はオペル本体の問題ではなく、親会社である米国GMのコーポレートガバナンス（経営統治）破たんが強く影響したからです。実際、ＧＭでは１９９３年頃から、グローバル化の波に乗り、今まで欧州に重点投資してきた設備資金をタイやアルゼンチンなどの発展途上国向けに振りかえた。それは、短期的な最大利益の資本追求であり、採算を無視した過剰投資＝生産過多だった。結果として、多大な債務を抱えることになり、本国本社の（一時）経営破たんを招いたのです。その影響を受け、ＧＭ１００％子会社であるオペルも目下の金融危機下での資金不足に陥り、経営危機を招いたわけです。

しかし、オペル労組（ＩＧＭメタル）はこのような経営分析の下で、米国ＧＭ（デトロイト）と交渉し企業再建・再生のための「経営参画」を果たした。それは、現行の２分の１共同決定制の変更と言え、ＣＥＯ（社長）など経営執行役員（取締役）人事の最終決定権は米国資本側に残したものの、重要な経済的社会事項に関しては〈完全同権の共同決定〉を呑ませたのです。これにより、（非正規労働者を含む）全従業員の雇用を保護した。ご承知のオペル流の共同決定である「マイルストーン合意」にこぎつけたわけです。

完全同権の共同決定制を構築

――事実上のモンタン共同決定法を導入したということですか。

フランツ　そのとおりです。オペルの場合は、中立委員は置きませんでしたが、まったく似たような状況を確立しました。ただし、現在オペルの監査役会では、労使二者の協議で合意に至らない場合、外部の第三者を呼んできて仲裁、決めさせている。いかにもドイツ流のステレオタイプだと言えます。だが、私自身は必ずしもその方法を良いとは思っていません。なぜならば、結局ところ、中立委員や第三者の仲裁者を呼んで決定してしまうと、どうしても二者で十分に協議して合意に達することなく、直ぐにその第三者の仲裁に依存してしまうからです。ゆえに、私の考え方は新たに中立委員を置かず、徹底的に二者で協議して決めることがよい。決まらない時は（経営）計画を履行しないということです。

　実際、私が監査役会副議長当時、役員の個人的問題を除いて、年次の経営計画や企業の再編・再生（リストラ）計画などの協議で、労使が合意できない場合、ＧＭ資本側選出の監査役会会長が２分の１共同決定法で認められている２票を投じて最終決定することはなかった。それは、（中央）経営協議会においても、同じことが言えます。

　確かに、我々の自由市場経済体制の中で、第三者の法律専門家などを呼んでくることは労使の衝突を防ぐ、回避する「経営調停役」にはなる。しかし、それによって、多くの経営協議会で問われていることだが、自分の手を汚さず責任を取らないという結果を招いてしまう。やはり自らの（決定）責任を取って、協議して決定に持ち込むのが正統ではないだろうか。かつ、自分が経営協議会議長にいた時にさえ、そういう問題は起こらなかった。つまり共同決定事項につき、とことん労使で話し合って解決できたので、第三者を呼んで仲裁裁定をしてもらう必要性はないと考えている。

――それを教訓にして、現行の３分の１共同決定法（２００４年施行）や２分の１共同決定法（１９７６年）をどのように改善、改正していったらよいと考えていますか。例えば、労働界の学識経験者の間では、今後の共同決定の拡大策として、従業員５００人以下の中小企業への３分の１共同決定法の導入や、大企業（従業員５００人以上）へのモンタン法「完全共同決定」の適用を求める意見も少なくないが、フランツさんの考え方をお聞きしたい。

フランツ　私の個人的見解としては、基本的にＩＧメタルが運動目標にしている従業員数や規模にかかわらず（経営協議会が設置されている）すべての企業にモンタン共同決定法を適用することは賛成です。理念的にも、完全同権の「共同決定」は中小企業に働く労働者が自己を自立、確立するうえで非常に大切な役割を持つと考えます。

欧州レベルで共同決定権の拡大を

――これに関連して、フランツさんがオペルの中央経営協議会議長当時、コンツェルン（企業グループ）の労使経営協議会（Konzernb etriebsrat）では、主にどういうことが協議・決定されていたか。当時の「経営協定（協約）」があれば、その内容（ポイント）を教えていただきたい。

フランツ　オペルのコンツェルン経営協議会では、親会社と密接する国内グループ企業（事業所）の移転・閉鎖問題、集団的解雇の場合に特別委員会を設け、情報を提供され協議を受ける権利を持っている。そして、親会社と締結した経営協定には労使経営協議会で決めた経済事項等に関して、ヨーロッパに展開しているオペルの全事業所に情報伝達することを盛り込んだ。

こうしたドイツ流のオペルとＧＭで行っている〈共同決定方式〉をヨーロッパレベルに拡大する

ことで、文字どおり欧州全体の事業所が一つの声となり、労働者の意見や情報をケアすることができるのです。

――これに伴い、オペル社はＥＷＣ（欧州労使協議会）協定を締結しているか。締結しているのであれば、改正ＥＷＣ指令（２０１１年施行）で設置を義務付けられた「特別委員会」は機能しているのか。そこで、日常的な経営チェックと協議がなされているか、お聞きしたい。

フランツ　我々は１９９６年にＧＭとの交渉で、「ＥＷＣ協定」を締結したが、その基本となるＥＷＣ指令には雇用問題と経済状況に関する労働者の情報権と協議権しか付与されていなかった。このため、私が議長に就任してから、改正ＥＷＣ指令の施行後、特にＭ＆Ａや工場閉鎖などの企業再編計画（＝経済事項）に関しては特別委員会で共同決定権を行使できるよう協定の見直し、修正を図った。それが、私が強調する「共同決定」の拡大強化策です。

例えば、２０００年にＧＭがイギリスへ新たな工場を進出させる計画を発表した時に、ＧＭ系列の欧州会社の全労働者が工場の設立阻止のために立ち上がった。みんなで発言権を行使することは初めてであり、そのポリシーは「みんなが苦労を分かち合う」というものでした。当然、ＧＭは工場計画を断念する結果となり、我々は勝利し大きな自信を獲得したわけです。

――最近、金属経営者盟（GESAMTMETALL）と締結する産別労働協約の事業所協定や企業別労働協約への分権化傾向が指摘されているが、オペルの場合はどうであったか。フォルクスワーゲン（Volkswagen AG）の「企業別労働協約（Haus-oder Firmentarifvertrag）」をどう見ておられていたか。

再度、産別労働協約に復元すべきだと考えていますか。

フランツ　私は産別、企業別の両労働協約共にメリットとデメリットがあると考えています。当然のことながら、企業の業績が良い場合は、企業との個別協約はよりよいものになるだろう。反対に、経営側が困難に陥っているときには他の（産別協約に入っている）企業との賃金格差が出るのでデメリットがある。周知のように、フォルクスワーゲン労組はＩＧメタルに加盟しているが、産別協約と企業別協約の兼ね合い（中間的）でうまく交渉をやっていると思う。

労働者の「共同決定」参加に経済的責任はない

――最後に、日本の労働組合で議論になっていることですが、労働者（組合）がドイツのように経営の意思決定領域まで参加＝共同決定することには抵抗感が強い。組合も「経営責任」をとる義務が生じるというのが大きな理由だが、ドイツの場合はどうでしょうか。

フランツ　日本では、伝統的に経営者が全労働者（従業員）の責任を背負うという考え方があるため、労働者が責任を負うことに引け目を感じたり、抵抗があるのではないか。それに較べて、ドイツでは逆に経営者の方が責任を感じていない。そうした意識がなく、むしろ労働者が自分たちの企業に対して「責任」を持つ考え方があるという日本とヨーロッパの文化的な差異があるのだろう。

ともあれ、労働者が経営参画しても経済的責任は問われません。なぜならば、企業の経営危機や倒産を迎える前に、労働者が協議し共同決定権を行使するときに責任が伴うのであって、経済的問題については責任を負わない。したがって、退職金等の労務債権はすべて法律で保証されます。

日本への示唆

筆者は、今回ドイツのコーポレートガバナンス調査結果で大きく３つの成果を得たと確信する。

第一の成果は、ドイツでは今、共同決定権の新たな拡大運動が起こっていることである。具体的には、「共同決定」の拡大強化に向けた運動目標としてＩＧメタルやＤＧＢは、モンタン共同決定法（従業員１０００人以上の鉄鋼、石炭・鉱業会社に限定適用、１９５１年）の全産業分野への導入を要求していることが分かった。特に、ＩＧメタルでは、「従業員の人数や規模にかかわらず、（経営協議会が設置されている）すべての企業に完全同権のモンタン法の適用を法制化すべきだ」（ＩＧメタル会長）と強調したのは注視される。

また、共同決定の質的拡大として、ＤＧＢでは現在、正社員（18歳以上、1年勤務）にしか与えられていない経営協議会の権限（共同決定権）を非正規労働者にも付与する事業所組織法の改正を、政府与党のＳＰＤ（社会民主党）に要請していることが挙げられる。

第二の成果は、ドイツの「労働教育」の実状を把握したことである。例えば、ＩＧメタルはベルリンの教育センターを中心に全国８か所に州政府の補助金を受けて労働教育機関を設置し、労働者の一般教育、新人教育、「共同決定アカデミー」などのカリキュラムを通して、組合員、一般労働者の教育を推進している。受講料は、組合員は無料、経営協議会委員は企業が受講料を支払う義務があり、非組合員や勤労国民はインターネット等を通して支払う制度が確立されている。

いずれにせよ、DGBでは経営協議会（全国設置率42％）の増大を通じて、労組の組織率向上につなげる運動に力を入れている。そのためにも、労働者教育の拡大強化を傘下組合に呼びかけているわけだ。

第三の成果は、ドイツの共同決定法においては、労働者が「共同決定（経営参加）権」を行使することに経済的責任はないということである。なぜならば、ドイツの法律では、大切なのは企業の経営危機や倒産の危機を迎える前に、事前に監査役会及び経営協議会（中央）での共同決定制を通して、労働者が協議決定権を行使するときに（社会的道義責任）を伴うのであって、実際には経済的な問題に関しては責任を負わないことが法的に保証されているからだ。これは、IGメタルの見解である。

ともあれ、ドイツの企業共同決定制や経営協議機関による共同決定あるいは協議・決定は、やり方次第では今の日本でも実現できる共同決定方式である。かつて戦後だが、三菱重工の長崎造船所や日立造船の経営審議会（協議会）はそうした方向への動きとして注目された。

また、最近ではJAM大阪の加盟労組（約4割）が企業再編やリストラ問題に関して、労働協約で事前協議（同意）約款を締結した。いわゆる雇用・職場を護る立場から、「労使経営協議制」を構築して、労働者参加のコーポレートガバナンス（経営チェックと経営参画）を確立している。この結果、上記加盟労組において、工場閉鎖・譲渡などの合理化・企業問題に対して「企業再建プラン」を提起し、会社側の提案を拒否し撤回、または計画を修正させ、職場と雇用を護ったケースが多いとされる。

いずれにせよ、企業レベルの労使協議会の普及率が高い（大企業の場合、約9割）日本の場合、共同決定ないし協議・決定を導入し拡大強化する一つの現実的な道は、労使経営協議制による「経営参加の道」を法的にバックアップすることであろう。事実、JAM大阪では、「企業再編・再生等への労働組合への関与を拡大強化し、コーポレートガバナンスにおける労働者の発言ルートを確保するには、労働者代表制の導入と労働者の経営への参加決定権の法制化が緊急課題だ」と訴えている。

ドイツの労働教育から学ぶべきもの

ドイツの場合、広く「労働教育」に関しては、DGB（ドイツ労働総同盟）の「欧州労働アカデミー」（フランクフルト大学に併設）とその加盟産別が行っている「教育センター」が質・量ともに重要である。この中で、筆者が訪問したIGメタル（金属産業労組）教育センターの組合・経営協議会幹部などの養成教育の中心機関は、首都ベルリンにある。

このセンターでは、DGBが提供する労働アカデミー（労働大学）とは性格を異にし、1952年以降から導入された労使経営協議会制（Betriebsrat）や企業共同決定制度（Mitbestimmungsgesetz）に参加する代表に選ばれた労働者のための教育・訓練が行われていることが特徴だ。つまり、産別組合で労働者の経営参加（コーポレートガバナンス）と労働教育のインテグレーション（統合化）が進められてきたわけだが、以下では、この視点から経済・産業民主主義のための労働者教育をメインに、ドイツの先進的労働教育の現状と今後の課題について報告することにしよう。

IGメタルの教育体系と教育内容

ドイツIGメタルでは、労働組合員や一般労働者（従業員）の責任分担及びその民主主義的権利を有効に行使するために必要な意思と能力は、その知識の程度いかんにかかっている、という前提で労働教育を推進している。それゆえ、団体交渉の拡大としての監査役会（企業最高意思決定機関）や、経営協議会への労働者代表の参加の増加という手順を踏んだ（現行）共同決定法が現場レベルにおいても実際的効果を上げることを期待する。かつ、個々の労働者が自分たちの労働環境条件〈ディーセントワーク〉に関して発言権を持つようにしようとするならば、労働組合は政策決定と産業民主主義に労働者が参加できるような教育を体系的に実施しなければならない。

ここでは、IGメタルが主催する教育センターの教育内容の中で、労働者の経営参加のための専門教育のうち、特に企業共同決定制（法）に基づく労働者監査役の任務に就く組合員及び従業員代表のための教育を紹介することにしたい。

共同決定アカデミーの設立について

この専門教育コース（カリキュラム）が、今年（2021年）で設立16年目を迎えた「共同決定アカデミー（Mitbestimmungsakademie）」である。

まず参考までに、このアカデミーの設立経緯、背景等を説明しよう。それによると、ドイツでは2008年の金融危機とこれが企業戦略に与えた影響の結果、監査役会の実務はますます複雑になっている。専門的な要求が大幅に増加した他、監査役会へのトップマネジメントの期待も明らかに高まっている。企業の重要事項には関与せず、決定事項には無批判に許可を与えるような監査役会は必要とされていないのだ。

今日のドイツにおいて「共同決定」が意味するものは、特に持続可能な企業の発展という意味において正しい判断を下し、またこれをフォローして見直すためのチャンスとリスクであると言える。これが可能であるのは、適切な専門知識を備え、かつ自身の権利と義務を認識、実行することができる監査役会だけである。こうした状況を鑑みて、ドイツのコーポレートガバナンス・コーデックス（指針）においても、監査役会構成員のより優れた専門的能力と、継続的な専門教育の必要性が強調されている。

すなわち、従業員の代表者にとっては、実地経験により能力開発をする一方で、明確な目標をもって研修や訓練に参加することが有効である。ハンス・ベックラー財団及びハンブルク大学経済社会学部の財団法人・継続教育協会との緊密な協力関係のもと、今年もIGメタルの共同決定アカデミーは様々な催し物を擁する能力向上プログラムを開催する。そこで監査役会構成員は実際の監査役会業務のための法的、戦略的、経済的知識を習得し向上させることができるわけだ。

これらの能力開発プログラムが対象とするのは、監査役会の従業員側、従業員代表者（経営協議会・監査役会経験の有無を問わず）、これから監査役会に携わる従業員の代表者、そして労働組合の職員である。

このアカデミーのプログラムは、監査役会構成員の専門知識と能力の向上のサポートとともに、昨今の法的責任のリスクの高まりを受けて、特に、従業員代表者の視点から、責任ある監査業務と有意義な戦略構築の基礎の習得に重点を置いている。最新の科学的知見と個々の参加者の経験値を結び付ける、実務に即したプログラム構成が特徴であり、監査役会業務への準備として最適だとされる。

共同決定アカデミーのプログラム

それでは、具体的に共同決定アカデミーの「プログラム」（構成内容）をみてみたい。

（1）セミナー

▽講座A1：従業員代表の監査役会の扱いに関する法的見地
▽モジュールA2：3分の1参加法に基づく監査役会に関する専門セミナー
▽モジュールB：リスクマネジメントと年度決算書の分析
▽モジュールC：監査役会の従業員側の任務と政治的役割
▽モジュールD：監査役会の実務（ワークショップ）

（2）専門会議

▽監査役会における重要テーマとしての企業戦略
▽監査役会と監査委員会における年度決算書の取扱い
▽企業のリスクマネジメント
▽監査役会活動における法的責任とコンプライアンス
▽IFRS（国際会計基準）：監査役会構成員のための問題志向性の導入
▽企業のファイナンス
▽監査役会の人事戦略
▽取締役報酬の構成要素と取り決めの可能性
▽企業年金制度
▽M&A（合併・買収）：監査役会の重要なテーマ

ボーダフォンによるマンネスマン社買収や、ダイムラーベンツとクライスラー合併の例を挙げるまでもなく、企業買収や統合はドイツにおいても戦略的な企業の意思決定の典型的な形であるとともに、共同決定に関する監査役会業務の一部でもある。このような取引は通常取締役会により提起、実現されるが、監査役会もその戦略的計画とその実行とコントロールを批判的に評価し、また協調していく必要がある。企業合併の失敗率の高さは科学的にも検証されており、こうした背景のもとで、極端なケースでは取引締結の拒否すら監査役会の役割となる場合もある。

この専門会議では、企業売買取引に関する監査役会の権利と義務の概要を説明する。また広く知られている事例を挙げて、このような取引の背景にある意図、M＆Aプロセスの実務、合併後の統合を成功に導くためのファクターについて解説する。参加者はさらに、M＆A取引の戦略的評価のための重要な手法を身につけ、また講師との対話を通して、自身の監査役会業務における具体的な対応策を学び、発展させることができる。

▽イノベーションと共同決定――監査役会が注意すべき点

「イノベーション（革新）」という言葉は、今や様々な近代化プロセスに適用される、使い古された概念となっている。イノベーションによって得られるものは、企業の経済的パフォーマンスの向上や気候変動に対する解決策だけではなく、企業の労働条件の改善でもある。イノベーションそれ自体が多様であるように、その効果も多様である。製品、プロセス、そしてサービスのイノベーションはしばしば組織的な変更を伴い、ビジネスモデル全体の再構築という結果をもたらすこともある。

ドイツの協力的共同決定モデルによって、産業界が危機的状況を乗り越えるための柔軟性と、とりわけ革新力を獲得できたことは明らかである。監査役会は、従業員参加の形でイノベーションを開発、実行する上で重要な役割を果たす。イノベーションにより、競争力の維持と「良き仕事」の実現が可能となる。イノベーションは未来志向であり、ドイツ経済の持続可能な発展に寄与する。このため監査役会は、革新的なアイデアをどの程度支援すべきか、イノベーションをめぐる意思決定プロセスがどのように形成されるか、また、企業内で革新力が実際に有効に機能するかどうか、具体的にチェックを行うことが必要である。

〈主要なテーマ〉

- イノベーションにはどのような種類があるか。イノベーションはどこで生まれるか。イノベーションのポジティブ／ネガティブな効果とは。
- イノベーションと監査役会：可能な対策とは。
- イノベーションプロセスの持続可能性とは。
- 最新の動向に基づく企業戦略分析：最新の業界動向に関する（科学的な）情報（モビリティ、新たな消費モデル、外国への移転等）や、技術開発情報（ソーシャルメディアやサイバー・フィジカル・システム等の利用）へのアクセスを得るには。
- 従業員と共同で形成されたイノベーションプロセスの事例。
- イノベーションの障壁を認識し、それを乗り越えるためには。
- イノベーションプロセス形成のためのコンセプト。

∇ＣＳＲ（企業の社会的責任）

ＣＳＲ戦略と活動が共同決定の中心分野と関連し、また監査役会業務の対象となるポイントはどこか。ＣＳＲ（企業の社会的責任）というテーマは、近年ますます議論されるようになり、また企業のパブリックイメージという面でも重要性を増している。ＣＳＲが意味するものは、通常、法的義務の範囲を越えた信頼性を備えた企業経営である。

金融危機によって経済と労働者に多大な負担が及んだことで、グローバル化の時代において、企業活動の透明性と信頼性が非常に重要であることが明らかになった。この会議は監査役会構成員を対象とし、これからＣＳＲに取り組むための一助となると同時に、互いの経験を共有、議論する。

〈主要なテーマ〉

- ＣＳＲの基本的規則と構成要素
- 企業が自由意思で負う責任の背後にある、アクターと関心事
- ＣＳＲ戦略・活動において共同決定が重要となる分野
- 監査役会の権利行使が可能な範囲
- ＣＳＲに関する最新の動向
- 持続可能性報告書の作成理由と構成
- 報告書の規格と指標
- 持続可能性報告書に関する最新の動向
- 従業員代表にとっての持続可能性報告書の意義

（３）企業・グループ企業会議

（4）ワークショップ
▽ワークショップ／女性候補者のための基礎知識
（5）監査役会選挙
▽1976年共同決定法に基づく選挙管理委員会のための研修
▽3分の1共同決定法に基づく選挙管理委員会のための研修
（6）コンサルティング
▽企業経営に関するコンサルティング
▽（企業）法務に関するコンサルティング
▽年度決算書の分析

優れた監査役会業務のためのIGメタルのガイドライン

（1）監査役会の従業員代表者は、従業員に利益をもたらす義務がある。これは、企業の利益を形成する重要な要素である。このためにIGメタルは、雇用の確保または創出を最優先する。

（2）監査役会の従業員代表者はこの意味において、責任と創造性をもって、企業の政治的戦略と企業の目標を共に形成、発展させていく。

（3）IGメタルの共同決定の実務においては、特に革新的で競争力のある企業を目指し、これによって雇用と企業立地を長期的に確保する。

（4）ＩＧメタルは最大限の透明性を確保するために努力する。取締役、執行部、監査役員の報酬だけではなく、例えば権利・権限の行使等による他社への依存や関与も公開すべきである。取締役、執行部、監査役員の報酬は、社会一般の基準に沿って計算し、不当な増額がないようにする。

（5）監査役会の従業員代表者は、監査役会構成員の任務を責任と専門知識をもって遂行する義務がある。常に議論を行い、研修に参加することは当然の義務である。

（6）監査役会の業務においては、以下の原則が適用される。

•日常的に、または集中的に、すべての計画事項における戦略的問題を明らかにする。

•過去の報告を批判的に見直す。

•成功をもたらすパラメーターを明らかにし、結果を導き出す。

•企業政治的に重要な、承認を要する種々の取引を認可する。

•監査役会会議を、より企業発展に資する形で実施する（例えば、必要に応じて短時間で集中して実施する）

経営陣が公正かつ責任をもって監査役会に対して報告を実施すれば、上記の原則は全て達成される。法律上の余地は完全かつ積極的に利用すべきである。

前記したように、ドイツのＩＧメタルは、企業経営を労使対等の立場からコントロールするために共同決定システム（法）を機能、担うことができる「人材育成制度」（教育センター・8か所）を整備している。その意味で、日本の労働組合も、企業経営に対等に渡り合える能力の陶治、産別・ナショナルレベルでの「コーポレートガバナンス（経済民主主義）教育」が必須条件である。

換言すれば、ドイツの労働教育の経験を学びながら、労働者の経営参加と政策参加をする人々のための教育をもっと組合が体系的に進めることについては「早期の労使共同決定制の実現を目指す」（経営民主ネットワーク・労働者経営参加の法制化を考える国会議員勉強会）の立場から、教育カリキュラムの最重点課題にしなければならないだろう。

注

（1）1956年の共同決定補充法の適用要件として、①モンタン（石炭・鉄鋼）共同決定法の適用を受ける子会社の売上高が、コンツェルン（グループ）全体の少なくとも5分の1を占めるか（第3条2項1文1号）、または②モンタン共同決定法の適用を受ける子会社の労働者の数がコンンツェルン全体の労働者の5分の1を超えること（第3条2項1文2号）とされている。また、親会社のティッセンクルップは、1976年共同決定法が適用されているので、労務担当取締役（執行役員）を置く必要性がある（第33条1項1文）。労務担当取締役は、モンタン共同決定法では監査役会における労働者代表の過半数が反対するときは選任されえないと定められている（第13条）。

（2）欧州委員会の公正取引委員会は2020年6月、ドイツのティッセンクルップ社とインド・タタ社から出されていた合弁会社「ティッセンクルップ・タタスチール」の設立許可申請を「欧州鉄鋼マーケットの寡占化、市場競争を制限するものだ」として、認定しないと最終決裁したことを発表した。

第3章　北欧福祉国家に未来はあるか

スウェーデンの労働組合への加入状況について

はじめに、スウェーデンにおける労使対等性（同権）の産業民主主義の基盤となる「社会階層や性別でみた被雇用者の労働組合加入（組織化）状況」（政府中央統計局の労働力調査結果）を考察する。

これによると、２０１８年（第１四半期）においては、（フルタイムの学生を除く）被雇用者の69％が労働組合に加入していた。ブルーカラー（ＬＯ）の組織率は62％、ホワイトカラー（ＴＣＯ、ＳＡＣＯ、専門職労組）のそれは73％であった。

女性と男性の比較

性別では、女性は男性よりも組織率が高い。ブルーカラーにおいては、女性の組織率は63％、男性の組織率は60％である。ホワイトカラーにおいては、女性の組織率は76％、男性の組織率は69％である。つまり加入率はホワイトカラーの女性で最も高く、ブルーカラーの男性で最も低い。

女性においても男性においても、ホワイトカラーの方がブルーカラーよりも加入率が高い。その差は２０１０年以降非常に大きくなり、２０１８年においてはホワイトカラーの女性とブルーカラーの女性の加入率の差は13％ポイントにまで広がった。男性については、その差は９％ポイントであった。

また、〈組合の組織率〉は年代によって大きく異なる。最も低いのは16～24歳で、ブルーカラーのわずか41％が組合に加入していた。加入率は年齢が上がるにつれて高くなり、25～29歳では53％、30～44歳では60％、45～64歳では73％となっている。

ホワイトカラーについては、最も若い年代ではブルーカラーよりも低いが、後の年代においてはブルーカラーよりも高い。16～24歳のホワイトカラーの加入率は37％である。ブルーカラーとの差が最も大きいのは25～29歳と30～44歳で、ホワイトカラーの方が11％も高い。45～64歳ではホワイトカラーが6％ポイント高くなっている。

１９９０年代の半ば頃には、すべての年代で加入率が最高を記録していた。その後、すべての年代で加入率が減少したが、そのペースは年代によって異なっていた。最も下げ幅が大きかったのは若い世代であった。16～24歳の年代では、１９９４年から２０１０年の約15年間で、77％から36％へと半減した。ただし、その後はやや上向きに転じ、現在は41％となっている。25～29歳の年代においても下げ幅はやはり大きく、１９９４年から２０１８年にかけて86％から53％へと減少した。しかもこの年代では、下げ幅は緩くなったものの下がり続けている。

30～44歳および45～64歳の年代においては、減少が始まるのが２０００年代に入ってからと、やや動きが遅かった。しかし、その後は減少傾向が続き、特にこの5～6年で目立っている。

16～24歳の多数はブルーカラー

事実、16～24歳の組合加入率に関して、この年代ではホワイトカラーに比べてブルーカラーの数がかなり多いことに気をつけておきたい。すなわち、この若い世代の組合加入率が低いことが、ホワイトカラーよりもブルーカラーの組合加入率を全体として引き下げる効果を与えているということである。２０１８年における16～24歳の、フルタイム学生を除く被雇用者は32万人であったが、そのうち21万５０００人がブルーカラー、10万５０００人がホワイトカラーであった。フルタイム学生を含めると45万人となるが、そのうち30万８０００人がブルーカラー職種、15万１０００人がホワイトカラー職種である。つまりフルタイム学生を含めても含めなくても、ブルーカラーがホワイトカラーの約２倍となっている。

さらに、組織率は業種ごとに異なる。ブルーカラーの組織率が高いのは、製造業、健康医療、介護福祉分野で、加入率は72～76％である。組織率が低いのは、飲食・宿泊・農林水産業で、組織率はそれぞれ31％、37％、39％となっている。

すべての業種でホワイトカラーの組織率がブルーカラーを上回る

ホワイトカラーの組合加入率を業種別に見ると、ほぼすべての業種でブルーカラーよりも高い。ホワイトカラーで加入率が最も高いのは公的部門と社会サービス業であり、その組織率は80％以上である。さらに、加入率が80％に近い業種が４つある。教育、製造業、健康医療、介護福祉がそれである。

ホワイトカラーの組織率が低い業種は、農林水産業、飲食業、宿泊業であり、その組織率は50～55％である。つまり、これらの業種は、ブルーカラーの組織率が低い業種と同じである。

この20年間、すべての業種で組合組織率が減少した。ブルーカラーの組合組織率がピークであった1990年代半ばと比較すると、ほぼすべての業種で20％前後の減少であったが、製造業だけは唯一の例外で17％の下げ幅にとどまった。

また、2000年代にはすべての業種でブルーカラーの組織率が大きく減少した。ただし、2年間で約7％ポイントの減少をみた2007年から2008年の2年間を除けば、その減少のペースはゆっくりしていた。

ホワイトカラーの組織率については、ブルーカラーのようには減少していない。卸小売業と製造業においては、現在も1990年代半ばと同じ水準にある。

ただし、2018年においては、公的部門を除くすべての業種でホワイトカラーの組織率が減少した。

雇用形態別の組織現状

正社員の組合組織率は、契約社員よりも高い。これはブルーカラーもホワイトカラーも同様である。ただし、その差はブルーカラーの方が大きい。

2018年には67％のブルーカラー正社員が組合に加入していたが、ブルーカラー契約社員の加入率は37％であった。契約社員の加入率は正社員よりも30％低いのである。

また、ブルーカラー正社員と契約社員の組織率の格差は、雇用保険料が値上げされ、失業給付条件が厳格化された２００６～２０１０年に大きく広がった。このわずか4年間で、ブルーカラー契約社員の組合組織率は、61％から43％へと18％ポイントも減った。この間、ブルーカラー正社員の組織率も減ったが、82％から76％ということで、下げ幅はずっと小さかった。その結果、ブルーカラー契約社員の組織率は正社員よりも30％ポイントほど低くなってしまった。

ホワイトカラーについては、２０１８年時点で、正社員の75％、契約社員の53％が組合に加入している。ホワイトカラーにおいても、２００７年から２００８年にかけて契約社員の組合組織率は大きく減少した。ただし、ホワイトカラーの方が減少期間は短く、２００９年には正社員も契約社員も減少が止まった。

出生地別組織率

組合加入率は、スウェーデン生まれの人よりも外国生まれの人の方が低い。２０１８年においては、スウェーデン生まれの被雇用者の71％が組合に加入していたが、外国生まれでは59％であった。

ブルーカラーにおいては、その差はさらに大きく、スウェーデン生まれが66％であるのに対して、外国生まれは51％であった。つまり、スウェーデン生まれと外国生まれの差は15％ポイントとなっている。

ホワイトカラーにおいては、スウェーデン生まれが74％、外国生まれが67％であった。外国生まれの中でも、どの国で生まれたかによって組織率は異なる。ブルーカラーの組織率が最も高いのはスウエーデン以外の北欧諸国生まれで72％と、スウェーデン生まれよりも高い。組織率が最も低いのは「世界の他地域」（アフリカ、中南米、日本を除くアジア）生まれの人々で、46％となっている。ホワイトカラーにおいても、組織率が最も高いのはスウェーデン以外の北欧諸国生まれで75％と、スウェーデン生まれの74％よりも高い。ホワイトカラーの加入率が最も低いのは、「ヨーロッパ、米国等」生まれで、63％となっている。

一方、ブルーカラーの組織率は1995年に88％のピークに達したが、その後は年率約1％のペースで減少し、現在の62％に至っている。ホワイトカラーの組織率も1990年代半ばから2000年代にかけて減少した。ただし、2008年以降は下げ止まり、73～74％辺りにとどまっている。したがって、組合の組織率はホワイトカラーの方がブルーカラーよりも高い。2018年ではホワイトカラーの方がブルーカラーよりも11％高かった。これは、2017年に次いで過去2番目に大きな差となっている。

ちなみに、組合加入（組織）率は、1920年代初頭から1970年代にかけて着実に増加し、1980年前後の84％でいったんピークを迎えた。その後、組織率はやや減少して82％まで下がるが、1990年代初めの経済危機の影響で急速に増加し、1995年にはブルーカラー88％、ホワイトカラー84％、全体で86％という新たなピークを迎えた。

その後の約10年間はゆっくりと減少し、80％辺りまで下がった。そして2007年には、保守の中道右派（非社会民主労働党）連合政権の下、雇用保険料の値上げと失業給付の条件が厳しくなったことから、労働組合の組織率が急激に下がった。その変化はブルーカラーにおいて、特に大きく、２００７年から２００８年にかけての下げ幅は７％に達した。

この動揺は、２００９年にはやや収束し、ホワイトカラーの組織率は、その後73～74％の水準で安定している。他方、ブルーカラーの加入率は下げ止まらず、年率約１％のペースで下がり続け、現在は62％となっている。

失業者の４分の１以上が組合に加入

ＡＫＵ（労働力調査）では、失業者にも組合加入状況をたずねているが、２０１８年においては失業者の26％が加入していた。そこからフルタイム学生を除くと、その割合は32％に上昇する。

失業者のうち、ブルーカラーの就業経験がある者の加入率は33％、フルタイムの学生を除いて36％で、ホワイトカラーについては45％、フルタイムの学生を除いて50％となっている。

ただし、失業者の大半は業種コードがない、つまり就業経験がない者である。その多くは、おそらく学生であると考えられる。業種コードのない者の組合加入率は８％で、フルタイムの学生を除けば10％となる。

以上を、１８９９～２０１７年のＬＯ加盟組合への加入者数でみると、ＬＯが発足した１８９８年から１９９０年代にかけて、ほぼ一貫して増加した。その数は１９８８年の２２７万５０００人でピークを迎えた。その後は減少傾向をたどり、２０１７年には１４４万２０００人となっている。

この減少傾向は、ブルーカラー、とりわけ若者と工場労働者が最も打撃を受けた１９９０年代の危機と時を同じくした。その時に消滅した工場労働が再び回復することはなく、若年層の組織率は、それより上の世代よりも非常に低いものとなった。

特に、２００７年は、前述した中道右派政権（穏健党、自由党、中央党、キリスト教民主党）による雇用保険料の値上げと失業給付条件の厳格化によって、減少傾向がより急速に進んだ。このため、ＬＯ加盟組合の加入者は3年間で24万人も減少した。失業保険基金は、政府の補助金を受けて、産業別労働組合が運用管理しているため、非組合員は失業保険の加入資格がないわけだ。

ただし、２０１４〜２０１７年の直近4年間においては、以前よりも減少のペースは遅くなっている。

雇用保険料の値上げと組合組織率の低下

この辺の事情について、スウェーデンＬＯ本部のロア・ブリンユアドティ国際局長は、次のように説明してくれた。

例えば、スウェーデンＬＯメンバーが就労している製紙業界の雇用（失業）保険料は、「２００６年12月までの失業保険基金の費用（労働者の失業保険の掛け金）は、58スウェーデン・クローネ（1月当たり７５４円）。それが２００７年1月には、以前の社会民主労働党政権当時からの６・２倍の３６５クローネ（同４７４５円）にまで、負担が跳ね上がった」と。

また、同時に失業給付（給料の８割）も、１日当たり約50クローネ（６５０円）減額された。さらに失業保険料とそして、組合費の所得税控除（減税）がなくなったので、実質10倍強の保険料負担となり、その影響は、特に低賃金（所得）のブルーカラー労働者の重荷になって、組織率減少に繋がったと言う。

まさに、当時の保守・中道右派政権の雇用保険料の値上げと失業給付条件の厳格化の狙いは、「失業リスクが最も高い労働者層が保険料の高額費用を負担しなければならないという理由ではない。スウェーデンの組合組織率を低下させることであり、こうした戦略的な労働組合に対する攻撃が残念ながら、効を奏した」と強調した。

こうしたことから、２０１４年1月1日に政権復帰した社会民主労働党と環境党（旧緑の党）の連立政権の下で、失業保険料の費用（掛け金）を２００７年以前の水準にかなり戻したが、それでも、「月間85クローネ（１１０５円）～１４９クローネ（１９３７円）」である。参考までに、非組合員への国の基礎給付金の上限は、若者月10万円相当である。

また、組合費の所得税控除は復活したが、雇用保険料の減税効果はなく、失業給付金の減額も据え置かれた。これは、ひとえに現連立政権が議会（一院制）で、過半数の議員を制していない事情のためだ。ともあれ、ＬＯは政権与党に対して、今年9月の総選挙で勝利し、多数派政権になれば、「雇用保険料の税額控除を回復させ、失業給付金の減額は撤回する」ことを、支援・連帯する社会民主労働党へのマニフェストに掲げている。

スウェーデンのコーポレートガバナンス改革の光と影

そこで、筆者は、スウェーデンLOの運動課題やAI革命への雇用対策などについて、ロア・ブリンユアドティ局長に聞いた。

――現在、LOが抱えている重点課題は何か。現在与党である社会民主労働党の関係を含めて、どのような政策、運動方針を掲げているのか、教えていただきたい。

ブリンユアドティ　私たちの一番目の戦略課題は、LO加盟組織の組合員拡大策である。例えば、最大産別労組のIFメタル（金属産業労組・1万1600事業所、組合員35万人）では、現在の組織率80％を5％ポイントアップし85％に増大する方針を掲げている。このため、特に中小企業で働く若者や建築業界の外国人労働者に、労働組合の仲間に入るよう運動している。

二番目は、社会のリソースの平等化について。特に、2006年から2007年までの中道右派政権の（資本優位の）税制改革と積極的労働市場政策（規制緩和）等により、所得格差の拡大と相対的貧困率の上昇が起こった。いわゆる「富の集中」と低所得（貧困）層の一極化現象だ。

例えば、1980年当時の企業トップ（社長）の報酬は、労働者階級の最高9倍であったのが、2016年には55倍に拡大した。こうしたことから、LOでは、現中道左派政権（首相はIFメタル前会長のステファン・ロベン）と連帯して、最低でも85％の雇用確保（現在20〜64歳労働者の就職率は73・4％）と、最低賃金（18歳＝月給1万8700クローネ（24万3000円）引き上げのロビー活動を展開している。

とりわけ、政策的には低賃金に喘いでいる女性介護職にフルタイム労働の確保と雇用の長期安定化およびパートタイム労働者（女性組合員の過半数）の正規従業員（社員）化を進めている。また、失業基金の改善や、育児休暇保険の男女対等化等を通じてジェンダー平等を促進し、社会の平等化つまり「社会的格差の是正」の重点化を図る方針である。

三番目の課題は、労働者重役制度の充実強化で、職場・現場におけるディーセントワーク（安心・質の高い良い仕事）の実現を目指す。

四番目については、男女青年移民労働者の適正雇用配分で、与党・社会民主労働党の移民政策を積極的に支援しており、中でも（ドイツのIGメタル労組を教訓にして）語学を含めた職業教育訓練と社会的統合（保護策）を協力、推進している。

AI革命への雇用対策は如何に

――では、スウェーデンの雇用はAI・IoT導入により、どう変わるのか、あるいはどう変化しているのか。この辺の実態を踏まえて、スウェーデンLOの雇用政策・社会計画をお聞かせ下さい。

ブリンユアドティ　私たちは、「将来の労働」について、経済のグローバル化、デジタル化のための準備は「労働者教育」を一番重視する。とりわけ、ＡＩ・ＩｏＴなどの新技術を導入する企業において、人員削減等の雇用問題が発生する場合、事前の情報提供、交渉を義務付ける。

スウェーデンは１９３８年のサルトショバーデン協定の締結以来、労使自治を基盤にしている。このため、企業再編やＡＩ・ＩｏＴ等の新技術・機械の導入に伴うリストラ（雇用削減）問題が発生した場合、まずは現場の労使が話合い、それでも調整がつかないときは中央（産別）交渉に委ねる。そのプロセスを経て解決できない場合は、企業（経営者）が最終決定する労働協約の仕組みである。

したがって、前述の合理化問題に遭遇したとき、労働者（組合）側は、中央の産別労使協定（協約）により、企業が出資する「再雇用基金」（経営者と労働組合の共同管理）を利用して、リストラ対象者や予備軍に対する再雇用・職業転換のための継続的職業教育訓練をＬＯの学校と大学・専門学校等で実施する。

また、この再雇用基金を利用して教育を受けられない非組合員の対象者に対しては、国の失業保険（基礎給付10万円）で職業訓練を行っている。

――この面で、ドイツ連邦労働・社会省が２０１６年に公表した「労働４・０」を、どのように評価されているか。

ブリンユアドティ　もちろん、スウェーデンＬＯは、ドイツ政府がパートナー（ＤＧＢやドイツ経営者連盟）と協働しているＡＩ革命の「労働４・０」を高く評価している。そして、ＬＯは全米労組

（ＵＡＷ）が成功を収めているように「Ｔｅｃｈ」をコミュニティづくりの視点から考え、フェイスブックやミー・ツー、ユーチューブなどソーシャルメディアと言われている「Ｔｅｃｈ」の全部を活用して、あらゆる勤労者とのコミュニケーションを図っている。この「プラットホーム（情報交換）」を活発化し、組織拡大につなげているわけだ。

さらに、ＬＯでは、「インフラクティック」と呼んでいるが、動画を通して企業の中の不公平さ、たとえば社長の報酬が一般従業員の55倍であると言った「不平等」を訴えることによって、組合員（従業員）の意見の反映を図ること。つまり、経営の民主化に役立てている。

コーポレートガバナンスの実状と未来

次に、スウェーデンにおける企業レベルの「労働者参加のルート」（**図3－1**）を概説する。

スウェーデンでは、１９７３年４月から従業員１００人以上の企業に２人の労働者代表の取締役会参加が法律に基づいて行われるようになった。スウェーデンは、すでに以前から銀行、保険会社及びボルボなどの若干の大企業に政府任命の社会代表が参加している。そのためもあって、保険会社と銀行はこの新法の適用から除外される。また、その企業の従業員の半数以上が労組員でなければ適用されない法制度だ。

したがって、労働者重役は組合員でなければならず、他の取締役と同じ権限・責任を持つが、非常勤で無報酬（諸手当限定）。そして、労使紛争と団交に関する事項については決定権を持たない。団交

図3－1　スウェーデンにおける労働者参加のルート

■全国レベル
- (a) 団体交渉による要求実現
  - 結社の自由
  - 団交権
  - 争議権の保障
- (b) 労使代表による協議

■企業レベル
- (a) 職場レベルでの参加（労働オンブズマン制度）
- (b) 労使共同決定制（1977年施行）
  ……仕事の管理と配分、およびその他の事業諸活動に関する事項について、労働者（組合）の共同規制（決定）の権利を持つ（第32条）
- (c) 重役会への参加（1973年、1988年施行）
- (d) 監査役会への参加

■政府レベル
<中央・地方（コミューン）政府>
- (a) 審議会への参加
- (b) ボード（政策決定委員会）への参加（労使同数）

に関する問題は、労使の代表が団交を通じて団体（労働）協約で共同決定するからである。この労働者代表重役制度の実現により、約２３００のスウェーデン企業（従業員数にして、約１２０万人）で労働者重役が生まれ、４０００人以上の労働者重役が誕生したという。

その他、ＬＯは会社の会計を監査する監査役も指名する権利を労組に与えるよう要求した結果、取締役会に「監査委員会」を設置し、労働者代表取締役が自主的に参加する新監査法が１９７３年に施行された。企業以外では、持ち株会社と財団（あるいは基金）の理事会に政府任命の社会代表が就くように規定している。

この法律は、労働者参加を規定しただけでなく、従業員50人以上のすべての企業に対して、その企業の存在地域の政府ボードに、企業の事業内容の報告書を毎年度提出するように義務付けている。報告書は、企業のコスト、利潤、生産と売上拡大計画、設備の新設、閉鎖と移転、土地及び交通上の重要度などに関して５

年先までの計画を示すものとされている。

　こうして、企業の経営上の内容や計画は従業員にも社会にも透明、一層公開的になっていくものと見られる。

政府の審議会とボードへの参加

　こうして企業が公開的になっても、政府の企業介入が多くなれば、官僚主義化が懸念される。しかし、スウェーデンでは、GNPの45％前後の金が税金と社会保障の掛金として徴収され、公的に支出されていることもあって、中央及び地方政府の政策決定を民主的かつ公開的にするためにもいろいろな配慮がなされている。議会が民主主義的に組織され運営されることは言うまでもないが、議会とは別に政府の政策決定への労使、消費者等の代表参加が広範に行われている。

　その一つは「審議会」であり、審議会では労働者代表は通常、経営者代表と同数であり、それ以上であることも少なくない。さらに特徴的なことは、労働市場庁、自由通商庁、労働裁判所、社会保障や教育関係の政府機関などの政策決定機構であるボードへ労使代表や消費者団体等の当事者関係者の代表が委員として参加している。また、スウェーデンではプライバシーに関することと、軍事上の機密に関すること以外は、官庁の文書をマスコミ等に公開することになっている。

　このように、スウェーデンでは、様々な形で労働者参加が行われ、企業も政府も雇用者と社会に対して公開的になり責任を持つようになってきている。おそらくスウェーデンは、労働者と市民の「政策参加」が最先端で進んでいる国といえよう。

しかし、スウェーデンの労働者と市民はそれで決して満足しているのではない。一層の参加を求めている者も多いし、あるいは現状に不満な者も多い。特に、企業でも公的機関でも職場の末端レベルにその傾向が強い。それゆえ、その傾向に対処するために職場の人間環境を改善する努力と運動が進められている。

労働者重役制の課題と展望

その後、労働者重役制度法「民間部門における労働者代表重役制度に関する法律」は、1987年に改正され、1988年に施行された。その目的は「労働者に対して、企業についての情報取得と影響力を与えることにある」。以前の1973年法の適用枠（従業員数や会社のタイプ別）を一本化、拡大して、労働者参加のコーポレートガバナンスの強化を図ったことが最大特徴だ。

それによると、もしその会社が25人以上の従業員を持つときは、労働者は2名の（常任）代表重役とそれらに対する2名の代理要員を任命することができる。もし、その会社が1000人以上の従業員を持ち、2つ以上の事業部を持つときは、労働者は3名の代表重役と3名の代理要員を任命することができる。なお、労働者重役は企業と団体協約を締結している地方労働組合組織により決定される。

この法律（制度）の目的は、労働者に対して企業に関しての情報取得と直接影響力を与えることにある。労働者代表重役の資格（被選挙権）は労働組合員でなければならないワンチャンネル方式を採用する。その効果としては、職場における団交による共同決定システムと併せて、フランスのルノー自動車会社とスウェーデンのボルボ企業が合併しようとしたとき、リストラ（雇用削減）が起ることなどから、ボルボの労働組合（ＬＯ）が強硬に反対して頓挫したことが挙げられる。

それでは、１９８７年に法改正された労働者重役制度について、現状の課題は何か。今後、制度の見直しをはかる必要性はないか、などをＬＯ本部のケント・アックホルト労働者参加担当専門官にインタビューした。

例えば、ドイツでは２００４年に従業員５００人以上の企業に従業員代表を監査役会（数）の３分の１に入れる「３分の１共同決定法」を義務付けたが、スウェーデンＬＯでは、ドイツのモンタン共同決定法や１９７６年の共同決定法並みに、従業員１０００人以上の企業に労働者代表を取締役会の２分の１に入れる、現行・労働者代表重役制度の改革を行う考えはあるのか。

この問いに関しては、「ドイツと違って、一元制の役員会システムを取っているスウェーデンでは、労働者代表（組合）は経営権の分与つまり共同決定権・最終決定権を持ちたいとは考えていない」と言い、労働者重役の役割は、現場の意見を経営に反映させて、企業の持続的成長（ＳＤＧｓ）とディーセントワークの実現を果たす必要性を強調した。

これに関連して、ジェンダー平等の観点から、女性重役のクオータ制導入については、スウェーデンの企業の女性取締役の全国比率は現在31％だが、ＬＯとして、労働者代表重役制度における女性メンバーの数と割合を法律（クオータ制）で増大することには否定的な見解を示した。

職場における団体交渉による共同決定法の実態

スウェーデンでは、もう一つの労働者参加の核心ルートである労使共同決定制度「労働生活の共同規制に関する法律（Act on the Joint Regulation of Work Life)」が１９７７年に施行された。この法律「職場における団体交渉による共同決定制」は、①使用者は、団体協約を締結している従業員組織（＝労働組合代表委員）に対して、その生産及び経営活動についての発展状況と人事政策のガイドラインについて常に情報を与えなければならない。②労使関係に関わりを持つ経営活動全般の重要な変更を行う際には、それを決定する前に交渉しなければならない。労働条件や雇用条件に関する重大な変更について決定するときも、同様である。そして、③労働者側の要求により、雇用契約の締結と終了、仕事の管理と配分（労働・作業組織とその管埋組織）その他の事業諸活動において、組織改変・企業の合同その他の重大な事項について「共同決定権」（団体協約による共同規制権）を持つ。

なお、上記②の団体交渉で決まらない場合は、全国レベルの中央労使交渉に移行。それでも決着しないときには、労働裁判所の仲裁、裁定に委ねる仕組みである。

そこで、実際、労働組合は共同決定制で雇用に関係する組織再編（M&A、工場の外国への移転等）には、どのように対処されているか。例えば、近年起こった中国企業によるボルボ自動車会社の買収問題に対しては、どう対応されたか。

これについては、金属産業労組（ＩＦメタル）本部のピアリ・ペッカ・センキュラ中央交渉局長が

「過去のフランス・ルノーによる買収では、ＩＦメタルはボルボの株主とともに反対姿勢を貫いた経緯がある。これが功を奏して、買収案は白紙撤回された。今回の中国企業の買収計画に関しては、長期的観点から、投資と（継続）雇用の両面から期間をかけて検討し同意することにした」。これに加えて、中国企業（経営者）からも、「我々はボルボの１００％株主だが、社長はスウェーデン人であるし、企業危機にならない限り経営には介入しない。またスウェーデンの法律を尊重し、もしボルボの労働組合が反対したならば、買収行動はしなかった」というエピソードを披露してくれた。

ただし、スウェーデンの共同決定法（第32条）の効果事例では、既述したようにM＆Aや工場閉鎖・移転等の企業再編で雇用（リストラ）問題が生じたとき、職場（企業）での労使協議・交渉で合意できない場合、産別レベルの中央交渉に委ねられ、それでも解決されないときには、企業（経営者）が最終決定権を下すとされている。つまり労働裁判所への調停・裁断案件は、あくまで企業の就業規則・労働協約違反や解雇・被害者に対する損害賠償金で交渉の折り合いがつかないケースであり、実際、この案件でも「労働組合が裁判所に提訴、調停申請すると、長期になるので、それを避ける意味で99％までが労働裁判所にいくまでに労使交渉で解決されている」（ペッカ・センキュラ局長）。

この点では、労働者（組合）側は主に経営戦略・雇用計画（リストラ）に関しては、ドイツの経営組織（事業所委員会）法と同様に、「団体協約による共同規制（共同決定権）」（第32条）はプロセスであり、組合側は企業（職場）での事前協議・決定権が確保されている。それが法の実態であると考えてよいだろう。

このため、ＬＯでは現状の資本優位の共同決定制度を維持、追認しており、ドイツのＤＧＢと異なり、前述した企業再編や生産・販売、サービス制度の変更、ＡＩ・ＩｏＴなどの新技術・機械の導入に関するリストラ計画に対する完全な共同決定の権利は求めていない。

実際、１９８８年に法改正された労働者重役制度についても、ＩＦメタルの立場は「長期的にも、経営重要問題の最終決定権を有する取締役会の構成比率は、企業（資本）側メンバーが労働組合より多数でなければいけない。ドイツのモンタン共同決定法並みに現行労働重役制度の法改正、すなわち労働者代表重役の数を今の２〜３名から２分の１に増大する考えはない」（センキュラ局長）との方向性を示したのは、ある意味で北欧福祉国家（修正資本主義）の限界かも知れない。

これに関連して、スウェーデンＩＦメタルの労働者（経営）参加教育の取り組み内容について触れたい。これによると、ＩＦメタルでは、特に労働者重役になる人のための「４週間集中教育」をＬＯの学校で行っている。また、ＩＦメタルも学校を持っており、代議員及び組合幹部等に対する交渉・経営分析能力を高めるための研修プロジェクトを実施している。ＬＯの２０１８年度教育投資額は、全体で９５００万クローネ（日本円で12億３５００万円）に上る。

独自な労働者教育制度

ここで、スウェーデンにおける福祉国家の基盤である「労働者教育制度」を考察しよう。

言うまでもなく、スウェーデンの労働者教育には、先進国の中でもユニークないくつかの点がある。

労働者は今や成人の国民の大部分であるから、教育自体が労働者教育であるともいえるので、まず広義での労働者教育にかかわる制度の特徴を記したい。

第一に、スウェーデンでは小学校から大学院まで授業料を払う必要がないということである。その他の費用は奨学金・奨学ローンで賄えるから、親が貧困のために大学へ行けないということは、原理的にはない。このことは、基本教育は基本財（primary goods）あるいは公共財とみなされており、すべての国民に平等に提供するべきだとの平等主義的理念に基づいているということである。基本財とは、生存に不可欠な基本的財のことであり、スウェーデンのような福祉国家では、年金、医療、介護などの基本財の供給の保障は国家の責任であると考えられているが、教育も義務教育だけでなく、高等教育も準基本財と考えられていることを意味する。かつての社会民主労働党の万年政権下では、「最も教育機会に恵まれなかった人に優先的に生涯教育の機会を与える」という方針が重視された。ここにも平等主義的な姿勢がうかがえる。

第二の特徴は、「リカレント教育」と呼ばれる生涯教育が普及していることである。日本では、大学を卒業すると、それで生涯の学歴が決まることが普通であるが、スウェーデンでは、大学卒業後あるいは高校卒業後、いったん就職してから再び大学へ行って学歴を高める人がごく普通にある。教育休暇をとって資格を取るリカレント教育の機会がある。日本では大学生は10代末から20代初めの学生が大部分であるが、スウェーデンではかなり年配の学生が多いとされる。事実、スウェーデンでは、大学生の25％は25歳以上の者と高等学校卒業後、４年間、労働に従事した者に向けることとされている。日本では大学を出たとき、大学の格で就職先も決まり、人生競争は学歴で決まる感が強いが、生涯教育はそういう弊害を少なくし、真に教育機会の平等を目指そうとする制度であるとともに、労働力という人材を養成し、活かしていく制度である。

第三に、スタディ・サークルと呼ばれるインフォーマルな学習サークルが普及していることも特徴である。現在、人口900万人台のスウェーデン人のうち200万人ほどが参加していると言われる。それはフォーマル学習ではなく、草の根的インフォーマルな学習であるが、それを通して起業することを推進する「SV」と呼ばれる国立教育機関がある。このような教育機関が学習サークル養成の機関になっている。学習サークルは、公的機関でも営利ベースで行われる企業でもないインフォーマルな組織であり、それは労働者教育協会「ABF」の学習サークルのように労働組合、協同組合、政党などが組織するサークルである。政治や経済、社会、科学、ITなどを自発的に学び、特に政治活動の在り方などを自ら学ぶ場になっているのは特筆される。国と地方の政治家もこうした学習サークルから育っていくという。

第四に、スウェーデンには「国民高等学校」という組織が普及しており、大学へ進学しない人々の教育に大きな役割を果たしていることである。

第五に、積極的労働市場政策の一環としての「労働市場教育」（継続的職業訓練教育）が普及している。積極的労働市場政策は社会保障財政と深く関わっているが、労働者教育組織としても大きな役割を果たしている。

第六に、ナショナルセンター（全国労働組合連合会）や産別労組が行う労働者教育がある。前記したように、スウェーデンでは労働者の経営参加が制度化、普及しているので、経営に参加する労働者代表の教育に力を入れている。労働組合員が重役会や環境委員会などに参加する場合の教育の場合には、その参加する労働者に優先的に教育休暇を取れるインセンティブがある。

この様式は、ドイツのＩＧメタル（金属産業労組）やＤＧＢが主宰する「共同決定アカデミー」（学校所在地・フランクフルト、ベルリン）に倣った教育制度といえそうだ。

第七に、スウェーデンでは労働者教育に要する費用は企業のコストだとして、企業に負担を要請していることである。かつての日本は企業内教育（On-The-Job Training：OJT）のおかげで、労働者の教育訓練でも優れていたが、グローバルな労働者の企業間移動が普通になった社会で労働力の質でも国際的に競争するには、企業を超えたレベルでの労働者教育を企業側も関心を持ち、積極的に進めないと、労働者教育訓練の点でも、他の先進諸国に後れを取ることになるだろう。

ジェンダー運動の成果とプライオリティ

スウェーデンでは、「ジェンダー平等（バランス）」の観点から、女性労働者の地位向上、待遇改善のためにどのような方策が取り入れられているのか、探ってみた。

最初の同国における１９１９年のジェンダー平等の権利の要求は、１８００年代後半以降、政治上の大きな問題であった。男女の平等な政治的権利に関する最初の動議は１８８４年に議会に提起されたが、拒否された。この要求は刻々と繰り返されたが、成功しなかった。実際、総選挙における女性の選挙権に関する最初の法案は、保守派が多数を占めていた上院で、1912年に廃案となった。しかし、議会の外では、女性の参政権に対する強い支持があり続けた。言うまでもなく、女性の「投票権」は、歴史的にも女性運動の大きな課題の一つである。議会は1919年5月24日、女性と男性の投票に共通する平等な権利を承認した。

この改革は、リベラルの自由党と社会民主労働党からなる連立政権による提案の後に行われた。それを受けて1921年に、女性が投票できる最初の選挙が行われた。1921年の総選挙後、議会で5人の女性が選ばれた。上院では、ケルスティン・ヘッセルグレンが自由党と社会民主労働党から選出された。また、下院では自由党のエリザベス・タム（Elisabeth Tamm）、社会民主労働党のアグダ・エクストルント（Agda Östlund）、ネリー・トゥリング（Nelly Thüring）、ベルサ・ウェリン（Bertha Wellin）、農民党（Agrarian Party and castle）の女性議員が選出され、その後、ゆっくりと女性議員が増えていった。

1971年に、個人の所得課税が導入され、他人の所得に関係なく課税されることになった。これは、既婚女性が経済的に独立した個人であることを意味し、女性自身の自給自足の権利は大きな飛躍を遂げた。以前は、女性の収入は男性の収入に追加され、女性（妻）の所得への税金はあまり課せられなかった。既婚女性は、このように夫に従属していた。偏見のある各々の税制は女性の専門的な活動を大幅に増加、働くようにさせた。さらに1974年、夫婦は子供の誕生時に育児休暇を共有するようになった。

　１９７０年代に、女性運動の中で最も活発に行われた要求の一つに、妊娠中絶法（１９３８年）の改正に多くの女性団体が深く関わったことが挙げられる。これまで、例えば人道的及び優生的（遺伝的生物学）等の理由がある場合にだけしか、中絶が認められていなかったが、スウェーデンは１９７５年以来、女性が法の下で中絶する権利を持っている。これは、女性がなぜ妊娠中絶をしたいのかを言わずに、妊娠18週（１２６日）までの中絶を決めることができるようになったことを意味する。つまり、18週を超えた場合の中絶は、特別なライセンス（許可）が必要なわけである。

　１９７９年、議会に上程、成立し、翌年（１９８０年）７月に発効した男女共同参画法がある。すなわち女性と男性は、スウェーデン社会において正式に同じ立場にあり、平等の権利を持つ。この「平等法」は、仕事、雇用及びその他の労働条件や開発の機会に関して、女性と男性の平等な権利を促進することを目的としている。かくして、法律は「ジェンダー・ニュートラル（性の平等）」と呼ばれている。つまり、女性だけでなく、男性に対しても差別に対して闘うべきである。しかしながら、主に職場での女性の状態を改善することを法の目的としていた。

　１９８０年には、平等機会オフィサー（担当者）が労働省の独立機関として導入された。当局は、性的差別を禁止し、雇用主が男女平等を積極的に推進することを要求する平等法（Equality Act）を監視する。議会は、ジェンダー平等政策の全体的な目的は、女性と男性が社会と彼らの人生を形成するために、「同等の力」を持つべきだと決議した。

また、2009年、「結婚法」の変更があり、同性の2人（性の少数派）が結婚することを可能にした。そして、2016年秋に政府（社会民主労働党政権）は、新しいジェンダー機関を設置することを決めた。本部（当局）は、イェーテボリにあり、2018年1月から活動がスタートしている。

ところで、スウェーデンIFメタル（金属産業労組）では、2014年以来、全国37の地方支部で非常に広範な「ジェンダー・トレーニング・プログラム」を実施してきた。その理由は、男女平等意識を高め、なぜIFメタルがフェミニスト団体であるかを知ってもらうことである。男女平等意識が高まるにつれて、「ジェンダー平等」は実際に地域の労組支部でも、定期的活動の中に織り込まれている。これは、またIFメタルが団体協約や安全衛生（協定）に関する交渉で協議していることだ。

そこで、ジェンダー運動の将来の課題は何か、ということだが、成功への鍵は学習である。学習することで組織を形成することができ、IFメタルの運動が促進できる。その結果、女性が男性と同じくらいの力と影響力を持つように闘い続ける活動がうまくいく。参考までに、スウェーデンにおける女性の企業の執行役員（取締役）比率は31％で、向上を図っている。

残念ながら、スウェーデンにおける産業民主主義つまり労働者参加のコーポレートガバナンスの拡大強化については、一番の関心事で注目した法的制度面での改革の動きはなかった。

実際、LOの最大ブルーカラー・労働者の中核組織である金属産業労組は、筆者が質問した以下の2つの質問にはコメントしなかった。（1）今後の労使共同決定法制度（1977年施行の労働生活の共同規制に関する法律（Act on the Joint Regulation of Work Life）改革の方向性、重要課題をどのように考えられているのか、（2）１９８８年に法改正された労働者重役制度についても、たとえばドイツでは２００４年に従業員５００人以上の企業に労働者（組合）代表を監査役会（数）の３分の１に入れる「３分の１共同決定法」を義務づけたが、ＩＦメタルはドイツのモンタン共同決定法（１９５１年制定）並みに、現行労働重役制度の法改正、つまり労働者代表重役の数を今の２～３名から２分の１に増大する考えはあるのか。

裏を返せば、金属産業労組はコーポレートガバナンス＝労働者経営参加の制度改革については現状維持、容認の構えだ。現在、共同決定法の法的強化を求めるドイツのＩＧメタル（金属産業労組）と違って、現行・労働者重役制度においても、企業の取締役会に2～３名の労組代表を選出することで、経営側に対して３分の1程度の影響力行使でよいと考えている。

いずれにせよ、スウェーデンの産業民主化運動は１９９０年代以降、経済成長の鈍化とともに停滞の一途を辿っており、新自由主義・グローバル化の荒波を切り抜ける欧州大の新システムが強く求められている。

労働者投資基金制度は、なぜ消滅したのか

最後に、スウェーデンにおいて、社会民主主義運動の歴史的快挙と言われた「労働者投資基金制度」が１９９９年に廃止されたが、この根本原因は何であったか。そしてＬＯ（全国労組・１８０万人）は、今後同制度を復活させる用意はないのか、等について調査研究した。

労働者投資基金制度は、1975年、当時LOの理論的指導者であったルドルフ・メイドナーの発案で1984年に施行された。その目的は、①連帯賃金政策の徹底、②富の高度集中及び企業による資金の内部調達を防ぐ、③労働者の権利保護のために、資本共有をとおした経営参加であり、1973年の労働者重役制を補完する意味合いがある。全国を5区域に分割、第一から第五までの労働者投資基金を設置した。各基金の理事会の過半数を地元労働側代表者が占める。資金積立（財源）は、企業利潤の20％の税収と国民加算年金保険料の0・2％引上げ分が基金の積立金として引き当てられる。

運用は、各基金とも、株式投資による資金運用を行う。原則は、国内株式市場での上場株の売買取引として、各社の株数の8％、株に伴う議決権で全体の8％の範囲でしか、基金は取得・保有できない。仮に、5つの基金が同じ会社の株を買ったとした場合、合計40％を上限と定めた。株主権は、基金は株を取得した会社の労働組合からの請求で、保有議決権の2分の1の範囲内で株主権を代行させることができ、この面からの経営参加が可能になった。

これに対して、経済団体（SAF）や保守政党、中小企業を中心に制度議論当初から反対の立場であり、大がかりな反対デモが組織された。それほどの難産の賜物であった。その一番の理由は、基金が7年間にわたって、重点的な株の買い方をして、当該労組が企業の支配権を狙う恐れがあることを危惧していたわけだ。

しかしながら、労働者投資基金の中味は当地の最大全国日刊新聞であるダーゲンス・ニーヘッテル紙によれば、「労働者基金は骨抜きで成立した」ものだった。原案が、労組の資本参加を通した経営参加の拡大強化＝共同決定制、つまり資本所有の面から労働者重役制を補完し強力に実現しようとする労働組合の管理下に置かれる狙いの基金（当初の筆者流の見方はスウェーデン版ＥＳＯＰ・従業員持ち株制度）であったのにもかかわらず、成立したものは国民年金制度内に包括と、年金基金に準じたものに変更された。

この辺の事情について、ストックホルム在住の労働問題研究家の竹崎孜氏は、基金構想が極めて未熟のままであったのと、提案者であったブルーカラーが組織するＬＯ（全国労働組合連合）の基金理論の検討不足で、併せて組合首脳部と一般組合員間に生じていた労働運動の在り方をめぐる意識のズレにも遠因があったと言う。また、基金の法制化担当となる与党・社会民主労働党が客観的情勢判断などから、ＬＯ案推進が時期尚早とみて消極策を望み、こうした戦線不統一が却って基金反対派の運動に加勢する効果をもたらしたことも挙げていた。

ともあれ、労働者基金制度は成立後まもなく、ペトロバックなど多くの大手企業（資本）がスウェーデンを離れて、本社を海外に移す動きが活発化した。こうした経済事情も重なって、ＬＯは１０００万人もいない小国スウェーデンでは、「企業がうまく稼働しなかったり、資本逃避したら、国内経済が大変なことになる。結局のところ、スウェーデンの生き残る道は、労資が協力してうまく経営統治しながら、外貨を稼ぐのが基本だ」へと戦略転換したわけである。

こうした背景の下、労働者投資基金制度は１９８９年、保守党政権樹立後に廃止が決まった。それから、30年が経ち、ＬＯも国内経済が順調に推移しており、雇用も安定しているので、「労働者投資基金制度を修正して復活する考えはない。我々は、おそらく将来的にも労働者投資基金制度を復活させる考え方は持っていないでしょう」と言い、それを前提条件に現状の労働者参加制度を変化させることなく、コーポレートガバナンスの充実強化をはかるのが労働組合のプライオリティ、役割だと結論付けた。

文字通り、スウェーデンのLO運動は、社会民主主義の停滞とともに屈折点に立っており、欧州の経済・産業民主主義の再構築を目指すETUC（欧州労連）の「職場の民主主義強化」決議のニューウェーブに期待したい。

デンマークの労働者代表重役制度の現状と課題

ここでは、スウェーデンと並んで北欧福祉国家大国であるデンマークの労働社会運動の現状と戦略課題に関するインタビューを、デンマークLO（全国労組）第一副会長のアーネ・グレブセン氏に行ったので紹介しよう。

デンマークLOの運動課題

——現在、デンマークLOの組合員数はどれくらいですか。また、全体の組織率の現状・傾向と今後の組織拡大強化策を教えてほしい。

グレブセン　いま、私たちのＬＯメンバー（組合員数）は80万人です。しかしながら、来年（２０１９年）に新たにＦＴＦ（俸給職従業員・公務員労働者総連盟）との統合の後、１２５万人以上の組合員を擁することになります。だが、デンマークにおける労働組合の組織率は過去10年間にわたって、全体的に低下しています。事実、２００７年に74％（組織人口１９０万人）あった組織率が昨年（２０１７年）末時点では65％に減少。この要因は、特に『御用組合』の出現によるためです。

ＬＯの組織拡大の大きな課題（チャレンジ）は、若者に労働組合の仲間に入るよう働きかけることです。これは、私たちの同胞（支部）が強く認識していることであります。

――デンマークＬＯは現在、どのような課題に取り組もうとしているのでしょうか。また、重点活動方針は何か、伺いたい。

グレブセン　労働市場は変化しており、それとともに労働組合の任務も変わってきています。いま私たちは、経済のデジタル化に伴う「プラットフォーム経済」に関連する新しいトレンドに焦点を当てています。この分野で、私たちは労働者の権利を尊重し、かつ社会的ダンピング（投棄）の仕組みを阻止するためのより効果的なルール（規定）をつくるようロビー活動を行っています。また、このような仕事におけるディーセントワーク（安心・働きがいのある人間らしい労働）の実現に取り組んでいます。

――日本でも、現在国会で「働き方改革」について、長時間労働規制（企業の多忙期の従業員の残業時間を月１００時間未満に限定、罰則規定あり）や同一労働同一賃金のガイドライン（非正規労働者の待遇改善）の法案審議に入っています。上記の労働問題に関して、デンマークの場合はどう解決されているでしょうか。「社会格差」の是正をはじめとした現状の働き方改革の目玉事業（法案）、ＬＯが取り組んでいる重要テーマ（課題）がありましたら、教えてください。

グレブセン　デンマークでは、労働市場が労使によって交渉された「労働協約」を通じて規制されています。したがって、労使は、政治システム（行政）が労使で締結された労働協約（ＣＡ）を尊重しなければならないので、法的アプローチ（取り組み）を追求しないでしょう。

――デンマークの雇用は、ＩｏＴ・ＡＩ導入により、どう変わるのか、あるいはどう変化しているのか。この辺の実態を踏まえて、デンマークＬＯの雇用政策・社会計画はどのように考えていますか。

グレブセン　テクノロジー（技術）は、私たちが好むかどうかにかかわらず、発展するものです。デンマークではＡＩ・ロボットに関して、若干、異なる見解があります。

最近の研究によれば、労働者は人工知能のような新技術を恐れていないということが分かっています。デンマークの労働者は、職場における新技術への投資は他の会社との競争に勝つために必要不可欠だと思っています。デンマークでは、「生涯学習」に社会的投資する長い伝統があり、労働者は新しい形態の雇用を取ることに適応できます。したがって、ＬＯは労働市場への投資とデジタルスキルを含む労働者の熟練教育の投資は、公正な異動（＝職業転換）を進めるための条件だと主張します（「政労使三者評議会」の発言より）。

――日本でも経済のグローバル化やＡＩ・ＩｏＴ革命が進展する中で、クラウド・ワーカーや個人請負就業者が増大し、新たな不安定雇用労働、格差問題が惹起されています。では、デンマークにおける非正規労働者の実態はどのようなものか、伺いたい。

グレブセン　私たちの最近の労働市場の実態調査では、臨時職員（派遣労働者）のシェアは、２０００年から２０１５年まで、雇用者全体の約８％で推移し安定していた。同期間、パートタイム労働者の割合はおよそ20％からほぼ25％に増加した。また、非正規労働者に労働組合メンバーはほとんどいなく、労働協約は実質的に正規労働者と対等待遇ですが、労使協議会への代表（参加者）は寡少です。このため、基本的な安全と権利に関して、非正規労働者は病気や出産費用の受給資格がなく、妊産婦（育児）休暇及び６週間の休日取得（有給休暇）権利を失う過大なリスク（負担）を持っています。

――これに関連して、デンマークＬＯの労働者教育の取り組み内容と課題を教えてください。

グレブセン　デンマークの労働組合にとって、労働者の熟練教育に共同投資することが最優先課題です。これには、労働者のスキルアップや再熟練教育などが含まれます。特に、今日の新技術やデジタル化に対応するためにです。

――デンマークＬＯとして、現在ＥＵで問題となっている移民・海外出稼ぎ労働者の社会的保護（＝社会的統合）策をどう考えられていますか。

グレブセン　私たちは職業訓練や見習い期間を通して、デンマークの労働市場に移民と難民を効果的に投入、再就職させることを目指す（労使政）「三者協定」を締結しています。政治的に、これは難題ですが、私たちは協定の履行と成果を確実にするために尽力しています。

――デンマークLOは、社会民主党（SPD）などの政党と、どのように関わっていますか。特に、最近のイタリア総選挙結果でも分かるように、ヨーロッパ全体で右傾化の流れが強まり、「中道左派」勢力が低迷している中で、労働組合として支援する政治勢力の躍進の道をどのように考えていますか。

グレブセン　はい。実際、EUの政治状況は心配であり、展望が見通せません。しかしながら、SD（社会民主党）はデンマーク最大の多数党であり、有権者投票（率）の25％を占めています。私たちの念願は、私たちが同意する人だけでなく、すべての意思決定者（＝選挙民）にLO労働者の要求・利益を伝えることです。

デンマークの「労働者参加」の特徴――スウェーデンとの相違点

――デンマークにおける企業レベルの「労働者参加」ルートを明示してください。

グレブセン　私たちには産業界の職場（企業）に影響力を与える様々な方法（4制度）をもっています（**図3－2**）。

1つは、（産別）労働協約に基づくTR（ショップ・スチュワード）（職場組合代表）の交渉権であります。

2つ目は、中央労使協定により、従業員35人以上企業でSU（労使協議会）を設置し、経営の情

図3−2　デンマークにおける労働者参加のルート

■全国レベル ……………… 団体交渉による要求実現
- ①結社の自由
- ②団交権
- ③争議権

■企業レベル

(a) ショップ・スチュワード（職場組合代表）
……中央労働協約（CBA）に基づいて、賃金・労働時間、解雇等の労働・雇用条件に関して、団体交渉する権利。

(b) 労使協議会の参加（1947年施行）
……中央労働協約により、従業員35人以上企業において、従業員の申し出で「労使協議会」(works councils) を制度化。企業の組織変更・再編（M&A等）つまり新工場（事務所）設立や移転、工場閉鎖、企業投資計画及び新技術・機械（AI・IoT）の導入などについて、情報提供・事前協議権限＜共同決定権無し＞。

(c) 労働安全衛生委員会への参加
……従業員の安全目的に、従業員10人以上企業で、労働安全衛生委員会の設置を法制化。

(d) 重役会への参加（1973/1975年施行）
……従業員35人以上企業で取締役会の1/3を労働者代表が占める制度を法制化。

報提供と協議を行う制度です。

3つ目には、立法に基づく取締役会への労働者参加つまり「労働者重役制度」があります。そして4つ目に、これも法律に基づく労働安全衛生（Arbejdsmiljø）委員会（従業員10人以上企業）の設置が義務付けられているわけです。

――この中で、従業員35人以上企業で適用されている労働者重役制度について、現状の課題は何か。今後、制度の見直しを図る必要性はないか。例えば、完全な労使対等確立の立場から、ドイツのモンタン共同決定法（1951年制定）や1976年の共同決定法並みに、労働者代表を取締役会の2分の1に入れるなど、現行・労働者重役制度（従業員35人以上企業に取締役会の3分の1（2名以上））の改正を行う考えはあるのか。

グレブセン　デンマークの取締役会レベルへの労働者代表の権利は、ドイツの状況（二元制）から明らかなように執行役員会に相当する機関の権利ではなく、企業の最高意思決定機関である取締役会に選出され、他の重役メンバーと同様の権利と義務を有する参加の権利です。これは、まさに他の取締役と同じく、会社の福利のために働き、株主利益を守る権利であります。私たちは、従業員が選任する取締役の数を拡大する法改正は考えていません。現在、私たちはすでに持っている権利を行使して、取締役会に選出された従業員がいない企業に対して、「労働者重役制度」を導入するよう産業界にキャンペーン（組織的運動）を起こしています。

――では、デンマークの女性取締役の全国比率は如何に。これもジェンダー運動の観点から、クオータ制を導入する考えはありませんか。

グレブセン　デンマークには労働者重役制度があることなどから、デンマーク（国内）企業の48％に、少なくとも1名の女性取締役が参加しています。クオータ制は必要ないです。

――デンマークでは、労使の中央労働協約で「労使協議会（Works Council）」が設立されますが、現状の全企業（従業員35人以上企業が対象）及び全労働者・対象労働者に占める設置率はいかがなものでしょうか。例えば、労使協議会制度における要件を満たしているにもかかわらず、労使協議会が設置されていない事業所はありますか。あるとすると、その数はどれくらいですか。使用者が労使協議会を設置しないとき、従業員はどんな法的手段を用いることができますか。

グレブセン　関係筋（Larsen et al. 2010）の労働条件の最新分析によると、従業員25～49人規模の民間企業では62％が「労使協議会（WC）」を設置していましたが、従業員数50～１９９人の職場では82

%。また200人以上の従業員を抱える企業のうち、96%が労使協議会を設置していました。

中央労使協定では、労使の一方の当事者が労使協議会の設置を要求するならば、労使協議会が設立されなければなりません。使用者側がそれを拒否した場合には、労働裁判所に起訴される可能性があります。

――現在、日常的になっている企業再編への対処方法として、労使協議会の権限・機能の強化をはかる考えはありませんか。例えば、労使協議会の権限を労働・雇用問題に直接影響、関係する経済事項（企業再編・事業所変更、生産・販売・サービスシステムの変更、新技術（AI・IoT等）設備導入による人員整理など）に関しては、共同決定＝仲裁事項まで拡大する労働協約改正は考えていませんか。

グレブセン　企業の「協力協定（the cooperation agreement）」は、労使協議会が議論すべきことを記述しています。

例えば、①新しい部門（工場）の設立、②既存部門またはビジネス組織内の大きな変更、③アウトソーシング（外注）、④新技術・機械の導入、⑤既存部署の閉鎖、⑥会社（工場）の閉鎖、⑦合併・移転（売却）等の経営問題を協議します。そして、労使協議で〈完全な合意〉に至らないときには、使用者側（経営者）が最終決定権を下します。私たちは、労使協議会制度の原則が「協調と経営関与」であることから、（将来的にも）共同決定権を行使する考えはありません。

協同組合における労働組合の役割

――近年、日本では労働者協同組合の法制化の動きが活発化しているが、デンマークの現状はどうですか。特に、協同組合企業（組織）における労働組合の位置づけ、役割に関して、どのように考えておられますか。

グレブセン　最初に述べたいことは、デンマークには労働者自身が出資し管理・運営を行う「労働者協同組合」は存在しません。

実際、アーラやデンマーク・クラウンのような協同組合は、他のすべての会社と同様に、職場の組合代表（ショップ・スチュワード）をもって、労働協約や欧州労使協議会指令（ＥＷＣｓ）に対応、団体交渉を行っています。

第4章　ＥＵの「経済民主主義」革命と労働組合の果たす役割

ＥＵの社会経済情勢と新たな最賃枠組み指令案

コロナ・パンデミックの影響による格差拡大の悲劇

ヨーロッパや世界中の新型コロナ（Covid-19）・パンデミックによって引き起こされた経済的社会的危機は、少なくとも第二次世界大戦以来、前例がないという。ヨーロッパでは、この1年間（２０２０年3月～２０２１年3月）で４０００万件以上の感染症例が報告されて、90万人以上が死亡した。各国政府はコロナウイルスの拡散を阻止するための緊急体制措置を拡大強化している。

例えば、文化イベントやスポーツ競技、フェスティバル旅行の中止、国境の管理・閉鎖、航空会社の接地に関する制限等の措置により、２０２０年3月以降、経済活動を大幅に停止している状況にある。また、サプライチェーンや供給・輸送関係、そして需要と供給の両方に対する影響を通じて、異なる経済セクター間の相互依存は、この危機をシステミックなものにしている。この影響で、ＥＵのＧＤＰ（国内総生産）は２０２０年に6・2％、ユーロ圏で6・6％と大幅な前年比の減少を示しており、失業率が爆発的に増加した。

こうした中で、新型コロナウイルス危機は、２００８年の金融（リーマン・ショック）危機とは異なる様相を呈している。第一に、今回は、以前は危機に陥りにくい産業経済に影響を及ぼし、より多くの女性が働き、世界で最も先進国で最も裕福な国にも深い打撃を与えた。この影響を受けるセクターは、主に観光、飲食業・小売業界で働く民衆である。

第二に、男性は女性よりもテレワーク（在宅勤務）の機会が多く、仕事を継続する可能性が高い。一方、保育所や学校の閉鎖によって引き起こされる介護職業難は、フェミニズムとジェンダー平等のための保全策を脅かしている。

事実、先進福祉国家のスウェーデンにおいては、所得の二極化・不平等レベルが上昇しており、ドイツでも、ワーキングプア（貧困労働者）の増大が政治問題視されている。

こうしたことから、欧州委員会は２０２０年10月28日、所得の二極化・格差拡大と貧困労働者の急増を抑制させることを目的とした「最低賃金に関するＥＵ枠組み指令」草案を公表し、欧州のすべての労働者に対する適切な最低賃金の確保に向けて重要な一歩を踏み出した。公正なる生活水準に十分な収入を確保するには、すべての加盟国で最低賃金を大幅に引き上げる義務があると言い、欧州議会とＥＵ理事会に指令の制定を目指すという文書である。

欧州労連（ＥＴＵＣ）によれば、欧州の２５００万人以上の労働者が直接恩恵を受けるためには、フルタイム（正規）労働者の全国賃金中央値の60％または平均賃金の50％という指標に値する法定最低賃金が必要とされる。この指標値は、「賃金水準との関係で最低賃金の適切性を評価するのに有用である」（ＥＵの最低賃金枠組み指令案・前文）。たとえばドイツだけでも、一般賃金中央値の賃金の60％が最低賃金12ユーロ（時給１５８４円）に相当し、約６８０万人の労働者が安定生活賃金を得るというわけだ（**図４－１**参照）。

図4－1　欧州諸国の法定最低賃金（2020年2月）

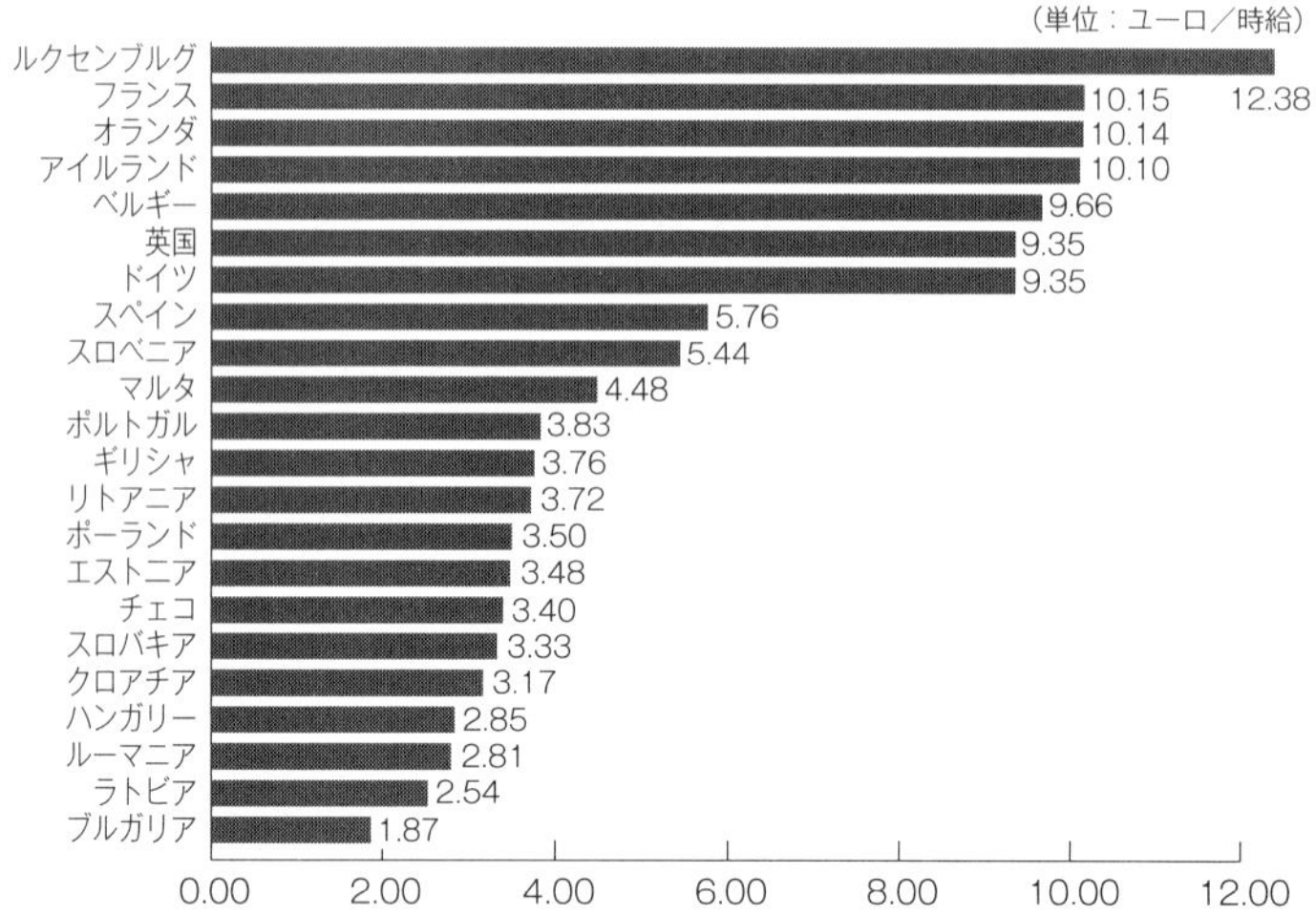

出所：欧州労組研究所（ETUI）の発表資料

また、欧州委員会が提案した最低賃金枠組み指令案では、法定最低賃金に拠らない加盟国に対し、労働協約のカバー率を70％に増やすために労使と協議して「行動計画」を策定する義務があるとした。EU加盟27か国のうち、団体交渉のカバー率（労働協約の適用率）が70％を超えているのは北欧など10か国にすぎず、あとの14か国は50％以下である。この現状を打破する意味でも、フランスやベルギーが適用している行政的な命令による労働協約の拡張制度が構想されているようだ。

さらに、欧州（EU）では、新型コロナウイルス（Covid-19）のパンデミック以降の仕事を労働者に適合させる労働市場のリスクから保護する運動が高揚している。ドイツでは、最大労働組合であるIGメタルが政府・金属産業界に対して、新型コロナウイルスの危機と自動車産業の構造変化による経済的影響から雇用を確保するために、「週４日」の労働時間短縮の交渉を要求している。またアイルランドでは、77％の労働者が週４日の稼働時間を支持している。これは、同じ仕事と同じ賃金、同一生産性の下での週４日労働時間制と定義されている。その意味でも、欧州委員会が社会的保護のセーフティネットとして、最低賃金（所得）に関する枠組み指令の制定を欧州議会に上程することは注視される。

一方、ヨーロッパがパンデミック後の社会に向かう中、「仕事（労働）の未来」に関するプライオリティ（優先課題）がグリーンディールやデジタル変革などの問題に連動し、大きくクローズアップされた。ここでも、労働者の関与・参加が不可欠であり、ＥＵの社会的権利の柱である「職場の民主主義」（労使対話と労働者参加）の制度変革を通じて、ヨーロッパのプラットフォーム労働者の最低基準の取り決めなど、「すべての労働者の質の高い労働条件を確保できる」（イザベル・シェーマンＥＴＵＣ書記長代行）としている。

換言すれば、プラットフォーム労働者の社会的権利や財政ルール改革、ＥＵ拡大、パンデミック後の社会民主主義者の課題と機会は、今後数年間で欧州改革と持続可能な成長を促進するであろう。

以上の情況等を踏まえて、欧州労連（ＥＴＵＣ）と欧州労働組合連合会（ＥＴＵＦｓ）は、２０２０年11月26日に、「職場での民主主義の強化」を求める請願書を欧州委員会（フォン・デア・アライエン委員長）に提出した。

職場での民主主義強化の取り組み

これにより、欧州労連では、２０２１年3月22～23日、ブリュッセルで執行委員会を開催し、今年を「職場での民主主義強化の年（Year for More Democracy at Work）」とする決議を採択した。

この社会運動戦略は、欧州レベルで、①ＥＷＣ（欧州労使協議会）指令の大改正、②ＥＵ一般労使協議指令の拡大、③ＥＴＵＣが指令の制定を要求している「労働者代表重役（取締役・監査役＝二元制制度」（Workers Board Level Representative：WBLR）の導入などを通じて、欧州会社や多国籍企業（グループ）のガバナンス強化を図ることを主眼としている。

そして、この職場民主主義強化のための決定的な政治選択は、「社会ヨーロッパ（Social Europe）」の大改革に向かって、労働者の情報・協議権を強化し、各国（地域）及び欧州全体で重役会レベルでの労働者代表参加＝共同決定権を拡張し、経済産業セクター全体の団体交渉を促進して、労働組合による新たな組織化の拡大を目指すとした。

そこで、ＥＴＵＣの「２０２１決議」の主な内容は、次のとおりである。

（1）民主主義は、不平等、差別・排除、社会的不公正に対する一番の解決手段である。ヨーロッパ人の9割は、「社会ヨーロッパ」を重視しており、うち71％が欧州社会的権利の柱（２０１７年

11月採択、20の基本原則・機会均等と労働市場への平等なアクセス、公正な労働条件、社会的保護と包摂など）の欠如を深刻な問題として捉えている。

（2）基本原則第8項に明記されている「職場の民主主義」（労使対話と労働者の関与・参加）は、企業の公正かつディーセントな労働条件を確立するため、拡大強化が重要である。

（3）職場での民主主義は、労働組合（ショップスチュワード）をはじめ、企業（グループ）労使協議会（従業員代表委員会）、ＥＷＣ、欧州多国籍企業（含欧州会社、欧州協同組合）への労働者の経営参画（ＷＢＬＲ）を通じて、職場（企業）の意思決定に独自の影響を与えるための鍵である。

（4）多国籍企業では、企業再編（リストラ）が絶えず行われており、その決定が下される前に労使協議会を開催したのはＥＷＣメンバー（設置企業）の26・9％にすぎない状態にある。その事態は、労使の締結するＥＷＣ協定違反である。

（5）ＥＵのグリーンディール（環境改善の公共政策）やCovid-19からの回復計画、新しい経済産業戦略、そしてデジタル化は、職場で市民として労働者（組合）が関与する場合のみ、効果的に機能する。

さらに、この決議の実施ポイントは、ＥＵ全体の「最低基準」を策定すること。つまり、前記したプラットフォーム（デジタル）経済の現況は、企業とその労働者の間の不均衡な権力関係を激化させており、より多くの職場での民主主義に対する要求が高まる中、プラットフォーム労働者の産別組織化が彼らの社会福祉と雇用権（労働協約交渉権）を保障する重要ツールになるのだとの指摘である。ETUCとしても、法的疎外状況にある「すべてのウーバーまたはデリバーリー企業の労働者は労働組合に加入し、権利を主張して自己の仕事をガバナンスする権利を持つべきだ」と支援する動きが活発化している。

換言すれば、上記の決議がこうした取り組みを強化し維持する一方で、プラットフォーム経済全体を民主化するためのより広範な戦略フレームワークになっていることは確かだ。

EWC指令の抜本改革に向けて

欧州労使協議会の現状

図4－2のとおり、2021年4月現在の欧州労使協議会（EWC）の設置数は、1015件で、962社の欧州多国籍企業（EEA内）が運用している。1994年にEWC理事会指令が発出されて以降、これまでに1437件が設立された。これは、EWC対象多国籍企業（総従業員2000人以上・2400社）の約6割に相当するが、半面、M&A（買収・合併）等の企業再編（リストラ）により、EWCを設置、活用していた328社が消滅したことが挙げられる。

また、EWC本社登録の国別内訳をみると、活動中のEWC設置数では、ドイツが278件（消滅77）と最も多く、次いで米国の186件（同51）、フランス135件（61）、英国103件（65）、スウ

図4－2　欧州労使協議会の設置件数

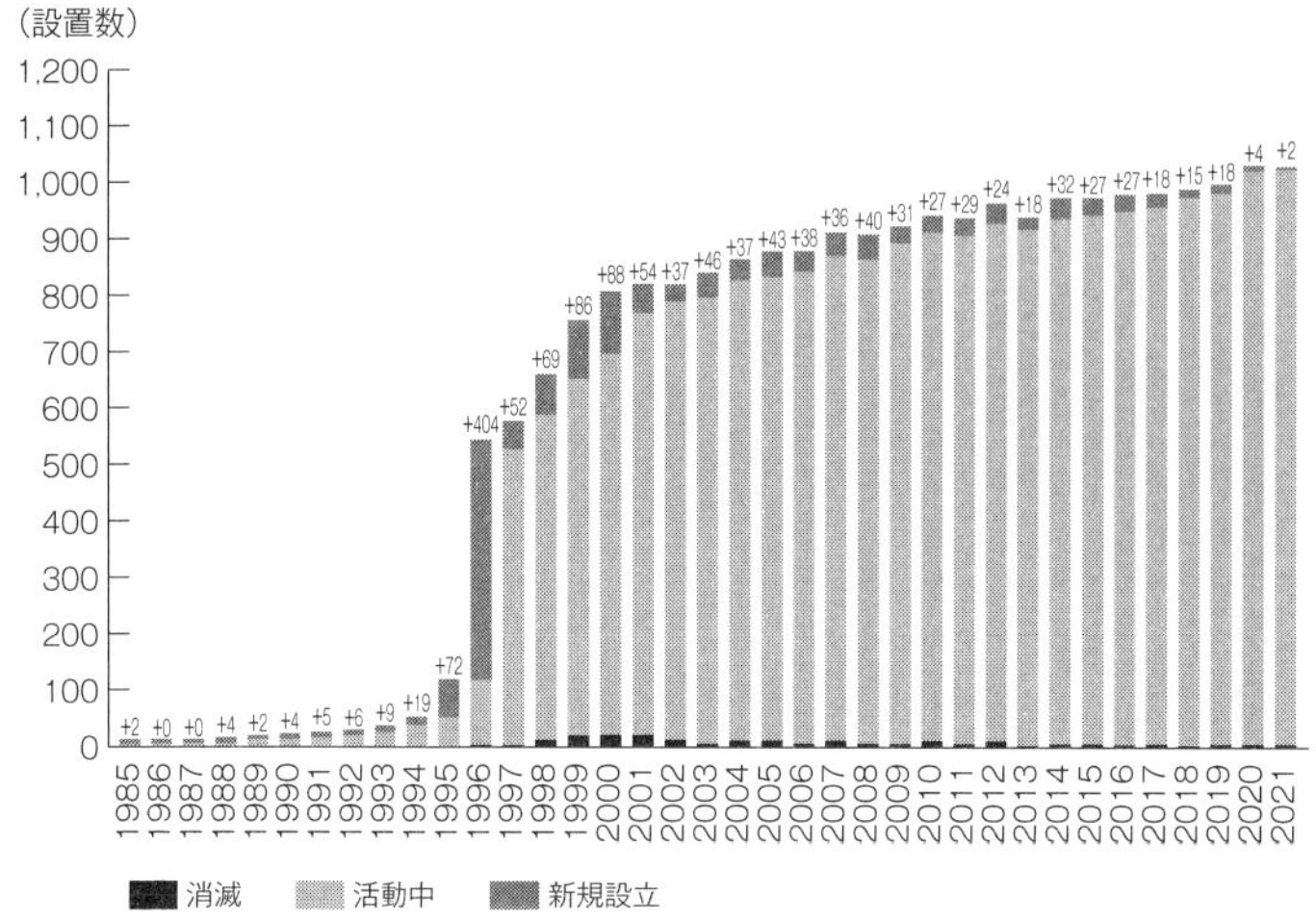

出所：www.ewcdb.eu/stats-and-graphs

エーデン74件（27）、オランダ61件（38）、スイス48件（7）、ベルギー41件の順。

日本は11番目に多く34件（消滅3）で、金属産業の大手であるトヨタ、日産自動車をはじめ、本田技研、パナソニック、ソニーなどが2か国以上にまたがる欧州子会社（事業所）の従業員代表との間でEWCの設置に関する協定を締結している。

例えば、日産自動車の場合、協議体として、「日産ヨーロピアン・コミュニケーション・フォーラム（NECF）」を1998年6月に設立した。これは、EWC指令第6条に基づくもので、同社の欧州における支配企業である欧州日産グループ（本社）が所在するオランダの国内法（National transpositions of Directive）の適用を受けていた。

また、パナソニックグループも、1995年11月に「欧州パナソニック・コングレス（PEC）」を設立したが、この協定は同指令の施行前であったため、指令の義務規定やその国内法の適用を受けなく、ＥＣ指令94/45の指令第13条に基づく労使の自主協定（Voluntary agreement）によるものであった。

ＥＷＣの成功事例――欧州日産グループの組織再編

ここで、最近のスペインにおけるＥＷＣ協議体の「成功事例」を紹介しよう。

前記した欧州日産自動車グループ（本社・フランスのモンティニー・ル・ブレトンヌー）の話だが、スペインの生産子会社である日産モトール・イベリカのバルセロナ工場（従業員３０００人）で閉鎖問題が発生。労働者や地元関係者の抗議デモが激化し、スペイン政府（社会党政権）が介入する事態になった。

このため、欧州日産自動車・本社（中央経営中枢）決定の前に、スペイン政府も参加した「欧州労使協議会」（ＥＷＣ特別委員会）が緊急招集された。つまり、この事前協議によって、２０２１年末に延期されていた工場閉鎖（リストラ計画）が撤回。代替案として提出された電気自動車（ＥＶ）向けの電池生産施設に全面転用することを決め、決着したわけだ。

具体的には、韓国のＬＧ化学が日産自動車のバルセロナ工場及び近隣２工場を16億ユーロ（約２０００億円）で買収し、欧州市場で需要が増えるＥＶ載電池の一大生産拠点にする計画が明らかになっている。スペイン政府も、地域経済・雇用維持の支援策として、バルセロナ工場の買収にかかる費用のうち６億ユーロ（約７５０億円）を補助する提案を示しており、ＬＧ化学がこの政府要請に応じた場合、同工場に働くほとんどの雇用（２０００人）を引き継ぐ予定だという。

これもＥＷＣ協議体（指令）があってこその雇用確保の成功例であり、「日産欧州コミュニケーション・フォーラム」（欧州の日産従業員の国外情報と協議の手順に関する協定）の成果だと言えよう。

ともあれ、ＥＷＣの増加の流れは、２０１１年の改正ＥＷＣ指令の施行後、９５９件になって以来、年間20件以上のペースで伸びており、今後の指令改正の動きが高まりそうだ。

ＥＷＣの優先課題

以上の現状を踏まえた今後の優先課題（プライオリティ）は、次のとおりである。

それによると、職場での民主主義は（多国籍）企業から攻撃を受けている。企業や経営陣は、従業員の仕事（雇用）や労働条件に影響を与える決定を下す前に、従業員（代表）側と「労使協議会（ＥＷＣ）」を開催し、協議するという法的プロセス・義務を遵守しないケースが沢山あるわけだ。

また、多国籍企業では、企業再編（リストラ）が絶えず行われているが、親会社（中央経営中枢）の最終決定が下される前にＥＷＣの会議（特別委員会）を開いたのはＥＷＣメンバー（設置企業）の26・9％にすぎない。経済困難のコロナ禍の中で、改めてＥＷＣ本体の形骸化問題が露呈されている。

欧州労連が求めるＥＷＣ指令の改訂案

それでは、次にＥＴＵＣが欧州委員会や欧州議会に要求しているＥＷＣ指令の「改訂案」の要綱骨子をみてみよう。

(1)適宜な情報提供と協議プロセスの確立

実際の情報や協議の実施は不十分であることが多く、とりわけ使用者側からの情報提供が遅すぎる経営問題が生じている。このため、ETUCにとっては、情報と協議は地域・国内、トランスナショナル（多国籍）レベルでの企業の意思決定に不可欠な部分でなければならない。つまり、企業の経営陣（本社）が最終決定を下す前に各国間の情報と協議のプロセスを適切に実施し、完了する必要性がある。

(2)多国籍企業（本社・中央経営中枢）のEWC協定違反に対する効果的かつ説得力ある「制裁措置」の導入

例えば、企業組織再編やリストラ（雇用削減）などの重大雇用問題が発生した場合、本社（親会社）の経営陣が総合経営戦略（雇用計画）の最終決定を下す前に、国境を越えた情報提供と事前協議のプロセスを適切に実施し完了する指令義務（第13条：協定）がある。実際的には当該EWCの権限（**図4－3**）・機能が働かず不十分なことが多く、特に情報提供が遅延しすぎる課題が指摘されている。このため、当該企業（グループ）への制裁は、雇用計画等の最終決定によって直接影響を受ける加盟国内のナショナルセンター（全国労働組合連合会）が実施計画の停止または無効化を支持することを条件として、情報提供及び協議（EWCまたは特別委員会

図4－3　欧州労使協議会の権限分野

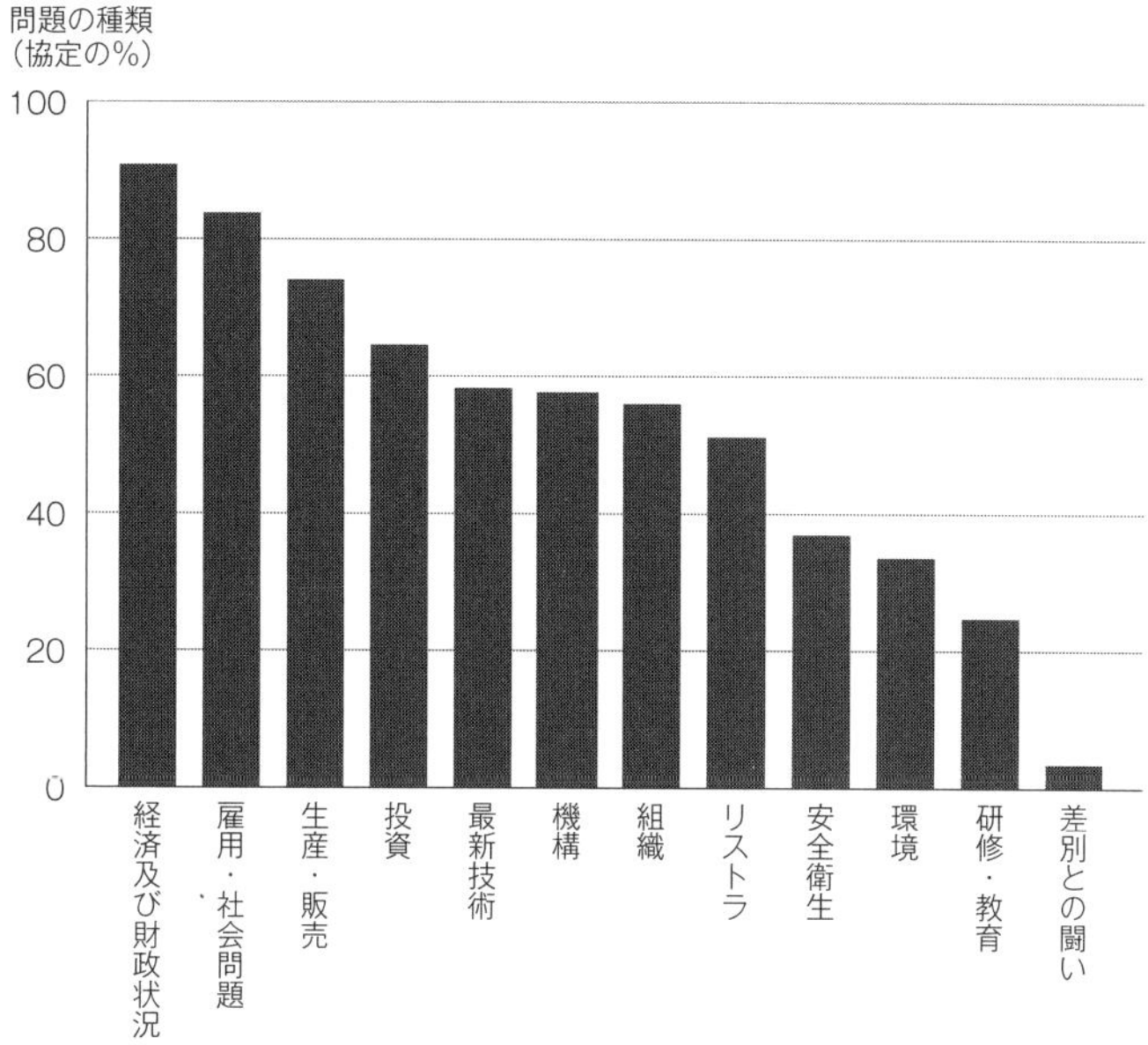

出所：欧州財団

開催）手続きの違反の場合には、企業の決定を無効にするべき規定を指令に織り込むこと。

（3）司法手続きへのアクセスの確保

法的アクターとしてのEWC及び特別交渉機関（SNB）の設置、交渉の有無について、労働側（従業員代表委員会）が企業にEWCの設置を要求したのにもかかわらず、無視・拒否された場合には、当該企業グループの本社登録国の労働裁判所に訴追できる法的手段の権利を明記することである。

（4）EWC指令第5条4項における「有能なコミュニティレベルの労働組合代表者」の役割は子会社の要件に反映されるべきである。具体的には、労働組合の専門家がすべてのＥＷＣ及び特別委員会の会議に参加し、全サイトにアクセスすることはＥＷＣの業務をより効果的に支援し調整するための必要条件である。

（5）欧州労使協議会は必要に応じて、特にＥＷＣ／ＳＥＷＣ（欧州会社労使協議会）の開催前後に当該国家レベルと情報交流できる必要性がある。

（6）ＥＷＣ設置企業（メンバー）が利害関係者（特に従業員代表）と情報を共有する権利を制限する理由について、より正確に明確化することで、「機密保持情報」の乱用を防止すること。つまり経営管理職は、機密性ルールに関する情報を提供せず、ＥＷＣの使用者側代表者が欧州及び国家レベルで必要なコミュニケーションを妨げるので明確化が重要である。

（7）ＥＷＣの実用的な機能を改善するための代表選考及びＥＷＣ特別委員会等への子会社（従業員代表）の参加要件を拡大強化すること。

これを受けて、ＥＴＵＣメンバーも政治ロビー活動を積極展開。欧州議会では、欧州社会党系議員グループを中心にＥＷＣ指令改正（2回目）の流れを強力支援する動きが活発化している。

ＥＴＵＣ大会への六大プライオリティ

これに先立ち、筆者は、欧州の民主化運動の新潮流と欧州議会選挙への政治公約について、欧州労連（ETUC）トップリーダーのルカ・ビセンティーニ書記長に語ってもらった。

ETUCは、新自由主義には反対の立場であり、①社会的投資戦略（struggle of investment）、②ディーセントワークの実現（struggle of Quality）、③労使対等の確立（struggle of Equality）、の3つの闘争スローガン「経済民主主義」を掲げて活動を推進している。

――まずETUC（欧州労連）の2019年の大会（4年に1回開催）に向けた主要課題・運動方針について、伺いたい。

ビセンティーニ　現在、私たちは6つのプライオリティ（優先課題）を持っており、これを中心に2018年から、2019年大会（第14回・ウィーン）開催の5月まで積極的に取り組む考えです。

第一に、ヨーロッパの横断的な課題が挙げられます。それは、より良き「社会ヨーロッパ」の構築であり、ヨーロッパの〈民主化〉の増長を図るための社会運動となります。

周知のように、ヨーロッパはこれまで極めて難易度が高い様々な問題に直面してきました。事実、保守・右派政権の抬頭、そして移民など外国人の排斥運動、さらに「反EU（欧州連合）」といった非常にネガティブな風が吹いている。こうした状況の中で、私たちはどのように社会と連帯＝民主化を進めていくかという事に苦労、腐心してきたわけです。

職場民主化の拡大戦略

ビセンティーニ　つまり、この状況は政治的な民主化を進めることの必要性のみならず、ひいては私たちの労働の現場や社会・経済・産業にも非常に多大な甚大なる影響を及ぼしてきています。その意味で、まずは職場＝労働の場から、民主化の価値を声高に高めていく闘争を行う決意であります。すなわち、職場（企業）における民主主義拡大のため、「労働者参加」を強化する戦略と行動計画（タイムライン）を提案いたします。それは、ＥＷＣ（欧州労使協議会）と欧州会社労使協議会（ＳＥＷＣ）を通じた多国籍企業レベルでの効果的な情報と協議に対する労働者の権利確保と、さらにＥＵ枠組み指令としての「労働者経営参画（ＷＢＬＲ）」の新基準制定への取り組み強化、ロビー活動などです。

第二に、ヨーロッパが直面している緊急課題である「移民対策」があります。中東、アフリカ諸国から続々と、今だ、多くの難民がヨーロッパに向かっています。しかしながら、今までのＥＵの対応は決して人道的、持続可能なものではありませんでした。移民や難民問題に対応できないでいるという状況が長く続いてきたわけです。したがって、この持てあましてしまっている状況に対して、ＥＵの機関が難民の対策あるいは移民をなるべく受け入れない方向の政策を講じているのが現状であります。

一方、ＥＴＵＣはその真逆で、こうした移民や難民の人々を出来るだけ人道的に、かつ連帯の精神で接するという施策を打ち出しています。具体的には、私たちは移民・難民の人々が向かった地

（ＥＵ加盟国内）で、労働社会に統合できるように求めています。その（当該）国の労働者と同じ雇用待遇・配分で就労できるよう体制の整備をしていく必要があると、主張しています。

第三の主要課題は、「欧州経済のガバナンス」改革です。要するに、今まで非常に信奉されてきた欧州経済に、新自由主義の緊縮財政や公共投資費のカットといった政策がここ近年来、長く採られてきたわけであります。

このようなマクロ経済がもたらした失敗、様々な疲弊を変えていかなければいけない。つまりはマクロ経済のパラダイムシフトが重要であり、より急進的な新たな経済モデルを構築することが喫緊の課題であると考え、このプライオリティの中に組み込みました。

具体的には、官民の社会的投資と企業の持続的成長（ＳＤＧｓ）、そして質の高い雇用創出（投資）、公正な分配で労働者の賃金を上昇させること。ひいては、それによって国内経済が修復、喚起されるという経済体系を求めていきます。実際、この政策概念をもって、ＥＴＵＣは欧州関係機関や欧州委員会と交渉を続けています。重ねて、近代的・急進的な新たなマクロ経済に変換していくことを求めているわけです。

その一環として、私たちはＥＵ機関のみならず、欧州中央銀行とも積極的に交渉、折衝を行っています。例えば、欧州中央銀行がもっと公共投資、あるいは民間投資が喚起できるような条件付け・環境づくりをしてほしいということを主張してきました。また、自らも「反財政緊縮政策キャンペーン」を実施しています。

これに関連にして、ＥＴＵＣとして、「賃金上昇キャンペーン」活動を1年半にわたって、全ヨーロッパで展開してまいりました。この活動には、2つの具体的なツールがありますが、中心的なものが法律で定められています。一つは最低賃金の担保であります。それが損なわれているという実態があるわけで、文字通り、最低賃金（制）を修復、完備するということです。もう一つのツールは、団体交渉あるいは労使協約の中に賃金上昇の問題を優先事項として取り扱っていくことを、このキャンペーンでうたってきました。

そして、第四のトピックは、タイトルが「Just Condition（経済的社会的移行期）」であるという内容なのですけれども、今まで述べてきた社会・労働・経済・産業に起こっている様々な強い動きが現状として表れているわけです。一つには、「脱炭素化」。これは、「グリーン・エコノミー」にどんどん移行しよう」という機運が高まっているということで、いわゆるエネルギーと持続的可能な開発の関係、アジェンダであります。

もう一つは、経済のＩＴ・ＩｏＴ化、またＡＩ・ロボット産業が非常に盛んになってきて、サービス業にもデジタル化の波及効果が出てきている。これに対して、労働組合がどう対応するのか。それから、第五のトピックは国際貿易経済の問題があります。私たちは、労働市場の前面に立って、これらの現象に対して、「労働者を守る」という取り組みを進めてきました。そして、労働者を守ることができない場合には、「労働市場が破壊されてしまうリスクもあるのだ」ということを提起してきたわけです。換言すれば、なるべく多くの雇用が確保できるように、（社会的労働市場における）多元的雇用確保ということです。

最後の第六のプライオリティは、ヨーロッパの〈社会モデル〉に関するトピックであります。このヨーロッパの社会モデルは、関連する法規則は制定されているわけです。実際、ヨーロッパ全体つまりＥＵの加盟国の間には労働者のためのセーフティーネット（安全網）のネットワークが、構築されています。

例えば、労働時間等の労働条件や年金受給といったような社会的保護の事細かな労働者に関わる問題が法的に解決、保護されています。しかし、こうしたセーフティーネットが構築されたにもかかわらず、現状の緊縮財政、そして経済危機を経て、この実体が揺るぎ始めている問題があります。したがって、「いかにして、労働者を守るか」、否、「守れるシステムを構築するにはどうするべきか」ということを、私たちは長く検討してきたわけです。

そこで、顕著な一つの事例を述べます。それは今までの一般的な労働者とは異なるタイプの分類付けができないような労働者が増大しています。これは、若い人が中心であるのですけれども、いわゆるクラウドワーカーで、プラットフォームワーカーとか、デジタルワーカーとも呼ばれる人たちです。彼らは自由業であり、どこにも属せず、非標準型の仕事を行う。つまり既存の社会保護モデルには入らなく、除外されてしまっている人たちが沢山いるわけです。こうした非常に脆弱な環境で働いている若年労働者を、いかに本来の社会保護のシステムの中に組み入れていくことができるのか。その辺の取り組みを重点的に進めています。

ＩＳＯ２６０００の取り組みと課題

――ＩＳＯ２６０００（国際標準機構の企業（組織）の社会的責任に関する規格）に関する労組の取り組みと課題について。欧州労連では、「民主的かつヨーロッパの社会モデル（European Social Model）」を達成するために、ＩＳＯ２６０００をどう活用、推進されているのか。とりわけ、労働ＣＳＲ（Corporate Social Responsibility）の要である職場（企業）のディーセント・ワーク実現のために、どのような政策を打ち出しているのか。そして、ＩＳＯ２６０００の推進のための中小企業のサプライチェーン（部品供給網）対策について、お聞きしたい。

ビセンティーニ　このＩＳＯ２６０００の取り組みに関しては、ＥＴＵＣは直接的に関与、あるいは活動はしていない。なぜならば、これはグローバルな標準となるからです。とはいうものの、ＥＴＵＣのメンバーの中には自国でのＩＳＯ（国際標準機構）の企業の社会的責任（ＣＳＲ）に関する規格の適用に積極的に動いている加盟国もあります。イタリア、スウェーデン、フランス、英国、デンマークになるのですけれども、これらの国は自国への国内法の適用ということで、非常に積極的に活動してきました。

さて、ＥＵの会社法に関しては、ＥＴＵＣとして特別に関与してきていません。ただし、今後、ＥＵレベルでルールが決まってくるということになると、ＥＴＵＣの役割もそれ相当に出てくるのではないかと思います。

このＩＳＯ２６０００のスタンダード（基準）は国際標準でありますが、これをヨーロッパに取り入れて浸透させていく一つの手段が指令になるわけです。その意味で、付言したいと思うのですが、そのツールが２つ展開しております。

一つは、ＩＳＯとのリンクという意味で、２０１４年に発令された指令があります。「95/2014指令」です。このタイトルは「Non-financial reporting by large company」です。これは、ＥＵの会社法に乗っ取って、大企業は「非財務報告」を国（政府）に対して行うわけですけれども、それとは別の次元で企業の社会的責任（ＣＳＲ）と雇用といった問題をきちんと取り入れていけということを求めるのが、この指令の趣旨・目的だったのです。

もう一つの法的なツールは、大企業における「労働者参加」を強制するものとなります。すなわち、企業の経営の意思決定や様々な問題について、労働者代表もきちんと参加すべきだと。情報提供と協議（諮問）といった活動に従事すべしという内容であります。これは、法的に定められているので、文字通り「指令」として施行しないといけないわけです。

ＥＵ新会社法パッケージへの評価

――ＥＴＵＣは、欧州委員会が２０１８年４月25日に公表した「会社法におけるデジタルツール及びプロセスの使用に関する改正欧州議会・理事会指令」と「国境を越えた変換、合併及び企業分割に関する改正欧州議会・理事会指令」の提案について、どのような評価を与えているか。とりわけ、後者の指令案において、労働者の権利保護や労働者参加の保持・拡大、そして「本社地買い

（Regime Shopping）」を止めさせる立場から、改善・修正点がありましたら、教えてください。ETUCでは現在、この新しい会社法のパッケージを分析しており、どんな問題があるのか。これは、不味いというのは何処なのかということを研究・調査した結果、以下の見解を持ち合わせています。

前者の「会社法におけるデジタルツール及びプロセスの使用に関する改正欧州議会・理事会指令」の中に盛り込まれているオンライン・デジストレーションつまりオンラインで（会社）登録の解消ができると。これは下手をすると、会社によっては様々な迂回行為が奨励されてしまうことになる。しかしながら、このことに非常に懸念を覚えています。例えば、しかるべく労働市場環境も整わず、租税を回避したり、あるいは労働者のための社会保護を削減してしまうというような状況を踏み出す温床になりかねることが、一つの問題点です。

2番目は、後者のパーケッジ（指令）案に絡んで出てくる、私たちが積極的に取り組んでいる労働者の「経営参画」の問題であります。ETUCから、欧州委員会に労働者の経営参加制度（Workers Board Level Representative：WBLR）の新基準を提案し、それを「EU枠組み指令」として、EU理事会及び欧州議会に上程、審議して欲しいことを要請してまいりました。

ご存知のように、このWBLRの新基準は指令化の前提となる欧州委員会の「欧州社会権の柱」には織り込まれませんでした。それに対しては、私たちも非常に失望したのですけれども。この新会社法パッケージが公表される前から、この問題で欧州委員会とのミーティングを重ねてきたわけ

ビセンティーニ　

です。内容的にも、どのような「労働者参加・共同決定」の新基準が社会経済に必要なのか。また欧州会社（ＳＥ）などの「ノー・レター・ボックス・カンパニー」と呼ばれている幽霊会社みたいなものの実体に関して、しっかりと法律で統治して欲しいということを主張してきました。けれども、これに対する欧州委員会の反応は、残念ながら、「今一つ」という感触で、非常に及び腰でありました。

こうしたことから、ＥＴＵＣは現在、ウェブサイトを使って、ヨーロッパ全域に前述の私たちの問題提起をアピールしています。

ヨーロッパの社会民主党勢力再建・躍進への道

――ＥＴＵＣは、社会民主党（ＳＰＤ）などの政党と、どのように関わっていますか。特に、最近のイタリア総選挙結果でも分かるように、ヨーロッパ全体で右傾化の流れが強まり、「中道左派」勢力が低迷している中で、来年（２０１９年）５月の欧州議会選挙の勝利に向けて、労働組合として支援する政治勢力の躍進の道をどのように考えていますか。

ビセンティーニ　冒頭に述べた「欧州の民主化」でちょっと触れさせていただきましたけれども、元々たくさんの政党がある中で、ＥＴＵＣが最も信頼、親交できる政治路線にあるのが社会民主党です。だが、この社会民主党が近年、非常に苦戦している状態にあります。私や、ＥＴＵＣの様々な研究・調査の分析結果としては、社会民主党がこれほどまでに弱体化してしまった理由はハッキりと明らかになっています。

すなわち、この経済危機に対処することができなかった。今まで説明させていただいた、急進的な持続可能な経済モデルにシフトすることができなかったことが、一番の敗因だと思います。

そして、この経済危機下において、社会民主党や社会党が踏襲したモデルというのは、まさに保護主義あるいは新自由主義をコピー・アンド・ペーストして、その場しのぎの経済政策を実施した。この結果、何らの代替モデル、新しい案を示すことができなかった。そのこと自体に対して、社会民主党へのEU市民の信頼は失墜したということであります。こうしたことから、選挙でも非常に苦戦したのだと思う。

例えば、ドイツは社会民主党が非常に強い国でありますが、その社会民主党でさえ、当時の対処法としたら、非常に劣悪な何の効果もない政策を打ち出しました。労働市場の規制緩和、構造改革です。今までの社会モデルを、既存のものも構造改革つまり積極的労働市場政策を新たに設定することによって解体した結果、非常に脆弱な労働社会、あるいは労働者の状況が伝播してきてしまいました。まさに、いわゆる保守層の守りの経済政策といったようなものであったわけです。

こうした経済現象、政治対応というのはドイツのみならず、EUではオランダ、イタリア、また北欧の国々にも同じような姿勢が見られます。事実、欧州の左派政権的だった政策モデルのところも、右派の政策にドンドンなだれ込んでいくというような現象まで引き起こしてしまった。

――ドイツの社会民主党主導政権が行った積極的労働市場政策は、「ハルツ改革」に代表されますね。

ビセンティーニ　そのとおりです。ミニジョブとか、多元的労働市場の分断化というものが進んでしまったのがドイツであり、多くの国民が社会民主党に対して非常に強い不信を覚えるという結果になってしまった。

したがって、ドイツに限らず、ヨーロッパの社会民主党は、今までの私たちが描いてきた本来のあるべき姿に戻す。選挙民の信頼を回復するための最大限の努力を払っていく必要がある。そのために、私たちＥＴＵＣとしても、各国の社会民主党に対して、最大限の支援と助言をしてまいりました。２０１９年のＥＵ（欧州連合）議会総選挙において、社会民主党の議員[注1]が増大し、勝利することを期待したい。

特に、その助言についてはいろいろありますが、内部的な活動ではＥＵ全体の社会民主党に対して、非常に高次元におけるハイレベルのグループをつくりました。まだ数か月しか経っていませんが、社会民主党への〈グループ構想〉を一般に宣言していくのが目的です。

このグループ活動に、ＥＴＵＣが積極的に私自身も参加しています。そこに参加することによって、社会民主党の今後の政策・戦略の決定をするに当たっての様々な助言や意見を述べて、一緒に社会・ロビー活動しているところです。

もう一つは、対外的なツールとしては〈キャンペーン活動〉が挙げられます。これは、まさに選挙に向けて、欧州議会の社会民主主義系メンバーで構成する「欧州社会党」が中心になっています。よりグローバルな急進的な社会経済・労働市場政策を作り、ネットワークを高めていこうというキャンペーンをやっているんですが、これにもEUTCは協力、参加しています。

ご存知のように、欧州議会における社会民主党勢力（政治会派・社会民主進歩同盟グループ）の議員の割合は30％ぐらいの議席を持っています。欧州議会の全体の中での第一勢力は「欧州人民党」（European People's Party：EPP）（同・欧州人民党グループ）で、中道右派の「キリスト教民主党」（Christian Democracy）系のコンサバティブ・パーティーになりますが、38％を占めています。

現在の欧州委員会のトップ（委員長）は、この党（ルクセンブルグ）出身のユンケル氏です。その他が、急進左派のグリーン（環境）政党と呼ばれている緑の党（欧州緑グループ・欧州自由連盟）などが続きます。

いずれにせよ、欧州社民党・中道左派勢力の議会議席が30％では、まだ弱い。絶対多数を得るには45％ぐらいいけば、かなり政治の力が動くということです。

欧州議会選挙に向けた政治公約

——そこで、ヨーロッパの社会民主党グループに対して、経済・社会福祉保障面で一番要求している政策は何か、教えてください。

ビセンティーニ　それで、政策的に社会民主党に要求しているのは、今まで説明してきました私たちの六つの課題、プライオリティです。これが、私どもの政治活動の中心になってくるわけであります。

ちなみに、ＥＴＵＣの大会は、２０１９年5月21日から24日までウィーンで開催されますけれども、同じ5月の日程（23日～26日）で、欧州議会の総選挙が行われます。これは、ある意味で同じタイミングに積極的に働きかけていこうということで、社会民主党にとどまることなく、政策的には、すべての欧州議会の政党の方々に強く要求していきます。

なぜならば、私たちの構想・６つのプライオリティ、つまり労働組合としてのＥＴＵＣの意向、運動をいろいろな政党・議員の方に理解していただきたい。その一環として、この2週間前に開催されたＥＴＵＣの中央執行委員会の決議で、２０１９年5月の欧州議会選挙に向けたＥＴＵＣの「政治公約」（マニフェスト）をつくりました。それを、最後に紹介しましょう。この政治公約は、大きく6つのポイントがあります。

第一は、欧州委員会の「ユンケル投資計画」を継続し、投資総額を増やすために引き上げなければならない。

第二は、特に「安定成長」の財政規則の改訂を通して、公共投資を促進させなければならない。

第三は、「欧州財務省」が全ＥＵ（欧州連合）加盟国への公共投資を促進するために設立されるべきである。

第四は、ＥＵの総投資額は来る欧州議会（２０１９～２０２４年）の全期間を通して、毎年ＧＤＰ（国内総生産）の２％分を増やすべきである。

第五は、漸進的な透明かつ効率的な課税の確保。さらなる努力は、多国籍企業による脱税や税金回避に取り組まなければならない。

第六は、積極的な労働政策としての「社会的投資」はヨーロッパ全体で強化されなければならない。

以上は、欧州経済の持続可能な成長〈新しい経済モデル〉とEU労働者に対する質の高い雇用創出並びに公共サービスを生んでいくために必要とされるマニフェストです。


（2018年6月14日）

ETUCが求める「共同決定制」（WBLR）のEU枠組み指令案

欧州社会権に関する柱の意義と役割

欧州労連は、5年前の2016年秋からスタートした欧州委員会の「欧州社会権に関する柱」（European Social Pillar：欧州社会権大綱（柱））の公的協議への対応において、はじめて労働者の企業への関与・経営参画に関するEU枠組み指令を求めた。

EUの欧州社会権の柱は、公正で機能的な労働市場と福祉システムを支える20の基本原則に基づいて構築された市民のための新しいより効果的な権利を定めている。大綱に含まれる多くの原則と権利は、効果的になるために更なる立法イニシアチブを必要とし、既存のEU法は必要に応じて改正・補完される。

欧州労連が求める労働者参加のＥＵ枠組み指令とは、職場と重役会（監査役会又は取締役会＝本社経営の最高意思決定機関）への労働者代表の参加権、つまり欧州の会社形態（欧州会社、欧州協同組合等）への労働者の関与と産業民主化のための新しい統合的構成を導入した指令による情報提供と協議、役員会参加に関するＥＵの枠組みを含む。

これは男女平等を確保するための制度的措置を含まなければならない。これにより、会社形態にかかわらず、すべての欧州会社（参加株式会社・参加協同組合の従業員合計50人以上）に、ＥＵ型「共同決定制」の新基準が適用される。

欧州会社の実態と問題点

最初に、ＥＵ企業の象徴たる欧州会社（Societas Europeae：SE）の法成立プロセスと実態を追ってみよう。

２００４年に施行された欧州会社法は、欧州域内各国法から独立した「欧州会社」の設立を可能にすることを目的にしている。原案は、１９７０年６月に提案されたが、特にＳＥにおける従業員の経営参加をめぐって、スペイン、イギリスなどが反対し難航を続けた。まる30年に及ぶＳＥ法の議論を決着させたのは、特定の経営参加モデルを適用する形から、（ＳＥ本社）登記国モデルを標準ルールに、労使間で交渉するフレキシブルな形に転換したためである。

こうしたことから、「欧州会社法規」と付属の「従業員関与指令」がＥＵ理事会で正式採択されたのは2001年10月8日で、2004年10月から施行となった。

また、欧州会社の設立要件と特徴だが、設立要件は、SE（欧州株式会社）は資本金12万ユーロ（約1600万円）以上で、EU加盟国内の既存会社が発起（参加）会社となり、組織変更（原則2年間）、合併、子会社、持ち株会社の4つの方法で設立・登記される。その主な特徴ではSEを設立する利点は、これまでの各国にある企業ごとに各国法に従い対応することなく、SEの法人格を登記した加盟国の法律でのみ対応できる。この結果、加盟国ごとに監督機関や管理機関を置かなくてもよいため、つまり単一の経営システムを基礎に欧州レベルにおける事業展開と組織（企業）再編を効率的に遂行することが可能になったとされる。

SEの大半はレターボックス会社

では、具体的に欧州会社（以下、SE）の現状分析と問題点を探ってみよう。

欧州労組研究所（ETUI）によれば、2019年3月3日現在において、合計3184社のSEが本社登記されている。このうち、従業員5人以上の経済活動を行っている「ノーマル（通常）SE」の数は少なく、全体では534社にすぎない。多くはEEA（欧州経済エリア）内で設立・法人登記されても実体のない売却目的の「Micro/Empty」SE（409社、2019年）か、情報のない「UFO」SE（2057社、2019年）（従業員なし又は実働していない「Shelf（棚）」SEを含む）であるという。そして、その大半がチェコ共和国やスロバキアなどの旧東欧社会主義諸国に偏在、登録されているのは見逃せない。

こうしたノーマルでないＳＥ、つまり「レターボックス会社」（俗称、ペーパー・カンパニー）の問題について、欧州労連では、今後の改善策をどう考えているのか。欧州労連の労働者参加担当・上席顧問のヴォルフガング・コワルスキー氏は、次のように説明してくれた。

「棚（たな）ＳＥ等の激増は骨抜きにされたＥＵ会社法によってもたらされたペーパー・カンパニーにすぎません。このため、我々は目下、欧州議会で審議中の欧州会社法パッケージ（ＥＵ枠組み指令）で、その改善を図る考えです。たとえば国境を越えた転換（ＳＥやＳＣＥへの改組）、合併と分社化で設立されるＥＵ企業においては、国境を越えた企業再編の人為的な取り決めの定義の改善つまり監督所管庁（欧州委員会）は、その（ＥＵ）新会社がレターボックス会社であると判断した場合、国境を越えた再編（リストラ）の実施を許可してはならない。これを新たなＳＥ設立要件にすべきだ」と指摘した。

また、もう一つの現状ＳＥの問題点は、「労働者参加」を支える現行・欧州会社法従業員関与指令が十分機能していないことだ。

前記のノーマルＳＥの中で、①労働者代表役員制（ＷＢＬＤ）とＳＥＷＣ（労使協議会）を有しているＳＥは70社、②労使協議会のみを設置しているＳＥは74社で、その他大半のＳＥ（２７７９社）は欧州会社法従業員関与指令が免除、適用されないＳＥである。とりわけ、欧州で一番強い労働者経営参画＝共同決定制度をもつドイツにおいても、ノーマルＳＥ２８６社のうち、共同決定制を導入しているＳＥは僅か43社で、残り２０３社は労働者参加の権利を持たず、知らない（中小）ＳＥである。さらに、近年ではドイツの中堅企業（従業員５００人以下）が本社を他国（ＷＢＬＲ制度のない加盟国）に移転させ、ＳＥ登録させて、自国の共同決定制度を適用回避する動きも活発化している。

これに関連して、ドイツでもＡＩ革命の進展の中で、これとは逆コースのトピックもあるので、取り上げたい。ＤＧＢ（ドイツ労働総同盟）の関係担当者によれば、スタートアップ大手企業の「デリバリーヒーローＳＥ」の共同決定制導入の経緯の要旨は、次のとおりである。

それによると、デリバリーヒーロー（Delivery Hero AG：DH）社は国境を越えた組織変更を通じて欧州会社を設立し、ＤＨ本社の国内登録してから、特別交渉機関（ＳＮＢ）との交渉を通じて、ドイツの76年（2分の1）共同決定制度を導入した。それで同社の労働組合が、なぜに「法律違反」の訴訟を起こさなかった理由については、デリバリーヒーロー社は、２０１８年の初めまで労使経営協議会（Works Council）を持っていなかった。このため、子会社従業員の加盟するＮＧＧ（食品・外食産業労組）では少なくとも、労使経営協議会（従業員代表委員会）がなければ、裁判所に行き、監査役会への労働者参加を求める法的根拠がなかった。

なぜならば、（労働者経営参画の）共同決定法制を適用していない企業に対して、法律違反の訴訟を起こすのは、従業員代表委員会の権限であって、労働組合でないからだ。要するに、ＤＨ社の少数株主・投資家のエルズバーガーが訴訟を起こした時、ＮＧＧは独自の法的意見書を提出した。つまりＮＧＧは、ＤＨ本社の監査役会に共同決定制を首尾よく導入するために、ベルリン州裁判所の判決＝決定を使用したのだ。これに伴い、２０１８年の初めには、最初の労使経営協議会（従業員代表委員）も選出されたということである。

欧州労連提案のＷＢＬＲ新基準の指令化

いずれにせよ、欧州労連では今後、欧州会社法労働者関与指令をどのように見直し修正していくのか、その課題と改革の方向性に関して、前出のコワルスキー氏は「２０１６年9月20日に、ＥＴＵＩによって作成されたＥＵ枠組み指令としてのＷＢＬＲ（労働者代表重役・監査役制度）の新基準（エスカレーター）を目下、欧州議会で審議中の国境を越えた合併・分割・変換に関する欧州議会・ＥＵ理事会指令案に組み入れることだ」と強調した。

このＥＵ枠組み指令とは、職場と役員会（監査役会・取締役会＝経営の最高意思決定機関）への労働者代表の参加権、つまり欧州の会社形態（欧州会社、欧州協同組合等）への労働者の関与と産業民主化のための新しい統合的構成（architecture）を導入した指令による情報提供と協議、役員会参加に関するＥＵ枠組みを含むもの。これは男女平等を確保するための制度的措置を含まなければならない。これにより、会社形態にかかわらず、すべての欧州会社（参加株式会社・参加協同組合の従業員合計50人以上）に、以下のＷＢＬＲの新基準が適用される。

（1）従業員数50～２５０人（本社及びその直接または間接子会社の総従業員数）の小規模企業では、Ｗ

ＢＬＲ（Workers Board Level Representative）の参加割合は低く、少なくとも２～３名の労働者代表が選任される。

（２）従業員数２５０～１０００人（同）の中企業では、ＷＢＬＲの参加割合は３分の１に高められる。

（３）従業員数１０００人以上（同）の大企業では、ＷＢＬＲの参加割合は労使同数の２分の１の役員議席を持つ必要があり、完全な共同決定制が導入される。

それでは、次に欧州労連が提案したＥＵ枠組み指令としてのＷＢＬＲの新基準「エスカレーター」（段階的増減方式）が、欧州議会の中でどのように取り上げられ、推移したかを考察しよう。

コワルスキー氏によれば、２０１８年12月６日に開かれた欧州議会法務委員会で採択された会社法パッケージ「国境を越えた合併・分割・変換に関する欧州議会・理事会指令案」に、初めてエスカレーター・アプローチ（Workers Board Level Representative：WBLR）が採用された意義は大きいと言い、明確に国境を越えた変換つまり欧州会社等の本社移転において、「労働者経営参画」の新基準が（優先）適用される仕組みが議会で検討されたわけだ。もちろん、「まだ各国（ＥＵ閣僚理事会）の合意が得られるか楽観的ではないが、ヨーロッパの公的機関が長年、我々が要求してきたエスカレーター・アプローチを支持したのは極めて画期的な出来事だ」と話した。

そして、ＥＵ企業（ＳＥ含む）における従業員関与（労働者参加権）が３年（欧州委員会案）から６年間に延長されたことは大いに評価できるとした。

職場民主主義の拡大強化を

では、欧州議会法務委員会が採択した「国境を越えた変換（組織変更）、合併と分社化（子会社・持株会社設立）に関する２０１７年指令（ＥＵ）を改正した欧州議会及び理事会の（枠組み）指令」案の報告要旨を見てみよう。

- 国境を越えた企業再編過程における適切な労働者の情報提供と（事前）協議の権利は、欧州労使協議会（ＥＷＣ）等を通じて、保障される。
- 国境を越えた企業再編をもたらした企業の経営陣は、新会社における労働者の情報と協議（ＷＣ）に関する交渉を行う義務を負う。ＷＣ（労使協議会）の設置等で合意に達しない場合、ＳＥ（欧州会社）指令の標準規則が準用される。
- 労働者参加に関しては、ＥＴＵＣによって提案された〈エスカレーター（ＷＢＬＲ）〉の新基準が国境を越えた変換（ＳＥ本社の移転等）及び分社化に伴う新会社に導入することが承認された。例えば、ＳＥ設立に関する従業員関与の交渉（ＳＮＢ）で合意が得られない場合、新たなフォールバック（代替え）規定であるエスカレーター・アプローチが適用される。
- 国境を越えた合併に関する新会社の労働者参加については、ＳＥ関与指令の代替え規定を準用する。
- 労働者の参加権は、国内・国境を越えた再編続行後も6年間（欧州委員会案3年）保障される。
- 国境を越えた企業再編の人為的な取り決めの定義の改善（新会社の義務の回避など）。所管官庁（欧州委員会）は、それが「レターボックス会社」（特に従業員がいなく、経済活動していないペーパー・カンパニー）であると判断した場合、国境を越えた企業再編の実施を許可してはならない。
- 国境を越えた再編後も、いかなる労働協約も引き続き、適用可能であることの明確化。

２０１９年に入って、1月17日のプレナリー（本会議）で、欧州議会は前記・指令案の内的機関（欧州委員会、ＥＵ理事会）との三者交渉に入るという決定を採択した。そして、この三者（内的機関）交渉の後の暫定（政治的）合意は２０１９年3月13日に達成された。だが、同指令案のテキスト（全条文）は、欧州議会とＥＵ理事会によって正式承認される必要がある。これにより、欧州議会は２０１９年4月18日の本会議で最終テキストを議決した。

ところで、前記・三者の合意テキスト（Final Text）によれば、欧州労連が提案した〈エスカレーター・アプローチ〉（労働者代表重役制を従業員50人以上の欧州会社等に導入）がＥＵ理事会等の反対にあって、今回の国境を越えた変換、合併と企業分割に関する２０１７年指令を改正した欧州議会及び理事会指令には採用されなかった。

しかし、欧州議会法務委員会で採択された「国境を越えた合併・分割・変換」に関する指令案の報告では、「その後の国内または国境を越えた合併・分割・変換の場合にも、参加権は少なくとも６年間保証される」との条項があったが、それが今回テキストでは４年間に短縮された。これは、三者交渉による妥協案だったかもしれない。

一方、２０１９年６月13、14日に開かれた雇用・社会政策・厚生消費者政務理事会では、会社法のもう一つのパッケージである「デジタルツールの使用と方法に関する指令（EU）2017/1132を改正する指令」（パッケージ）が会期中に正式採択されていた。それは、まったく異論なく、「A」項目として採択されているという。「A」の項目とは、あらゆる理事会の構成によっても採択することができる案件である。

欧州会社の戦略的課題は何か

では次に、こうした状況等をふまえて、今後の欧州会社法改革の課題、方途をさぐってみたい。

第一に、現状は法的にはＳＥ（欧州会社）として認められ、登記（資本金12万ユーロで設立）されているが、従業員がいなく経済活動の実体のない「Dispute」ＳＥが現在２４６６社あるが、それをどう実働させるかの問題がある。その大半は、売却目的の「Shelf」ＳＥや従業員のいない「Empty」ＳＥ、情報のない「ＵＦＯ」ＳＥなどで、多くはチェコ共和国やスロバキア等の旧東欧社会主義諸国に登記されている。

この存在について、ＥＴＵＣは「従業員の経営参画がまったくない棚ＳＥだ」として、厳しく批判しているが、通常（ノーマル）ＳＥに転換するためには法的問題等もあり、労組として対応できないという。ただし、このような欧州会社の在り方をめぐっては、ＥＴＵＣの中でも欧州会社法への批判と改革論議がなされている。

例えば、従業員５００人以下の中小企業が本社をドイツ以外の欧州諸国に移転して（2年後に）ＳＥに転換した場合、ドイツの共同決定システムから、レベル（ＷＢＬＤ）の低い労働者参加制度に格下げされる問題がある。それは、またドイツの中小企業（本社）が今後、従業員数の増加が予想できる場合、その直前にＳＥに転換すると、結局のところ、ＳＥ法の欧州参加指令が適用され、従業員の人数が５００人以上になってもボード（監査役会）への労働者参加がゼロ、閉ざされる結果となる。こうした場合に適用する新たなルールをつくること。特にＳＥの登録に先立って、従業員の経営参加の交渉を義務付けるなどを、ＥＴＵＣは検討課題として挙げており、「アンチＳＥ」（ノーマルでないＳＥ）を増加させない対策になると考えられる。

第二は、現行ＳＥ指令のフォールバック規定（標準ルール）では、ＳＥ本社登記国の法規で妥当する場合にしか、労働者経営参加制度（ＷＢＬＲ）が適用されないため、労働者代表のボードレベルへの「未参加」が継続される課題が指摘される。

事例として、フィンランドのエルコテック社（大手の半導体多国籍企業）の場合、２００４年に本社（Centre）をハンガリーのペーチに移転したが、その2年後にＳＥに組織替えし登記した。その際に、ＳＥ法指令に基づき、エルコテックＳＥの労働者経営参加モデルの適用につき従業員代表機関（ＳＮ

Ｂ）と交渉したが、合意に至らず、結局、フォールバック規定により、登記国であるハンガリーの経営参加基準（従業員２００人以上企業の監査役会へ３分の１の労働者代表参加を規定）が採用されて、経営参加が見送られた。ＳＮＢを構成するフィンランド労組（ＳＥ子会社従業員代表）が要求した、自国の労使協定による（スーパーバイザリー）ボード（監査役会）への労働者参加がダメにされた経緯があるわけだ。

第三には、欧州会社労使協議会（ＳＥＷＣ）の設立問題がある。欧州労使協議会（ＥＷＣ）の場合には、１９９４年制定のＥＷＣ指令により、欧州多国籍企業（総従業員１０００人以上）を対象にして労働者（組合）の要求方式で設置が義務付けされた。だが、ＳＥＷＣの設置に関しては、欧州会社経営陣とＳＮＢ（従業員選出の特別交渉機関）との交渉で、労働者側が労使協議会（ＷＣ）を要求しても、経営側が拒否すれば設立しなくてもよいと許容されている。この影響などもあり、ノーマルＳＥ３６３社のうち、実に２４９社がＳＥＷＣを持てない状況下に置かれているのだ。

ＳＥ関与指令の改正要綱案について

こうしたことから、ＥＴＵＣでは、ＳＥの活性化とＳＥ関与指令の改正に向けて、２０１４年４月29日から、「ＳＥリフレクション・グループ」を立ち上げ、第１回会合を開催。ＳＥにおける労働者参加（ＷＢＬＲ）の新基準策定の検討作業を開始した。

基本的には、ＳＥ設立の際のフォールバック規定にある①組織変更（２年経過）によるＳＥ設立の場合には、本社登記国のＷＢＬＤ制度を踏襲する、②合併による設立の場合は、参加会社従業員の25％以上が以前から経営参加制度の対象になっているときに、その（従業員代表数が最も高い）ＷＢＬＤ制度を適用する、③持株会社及び子会社設立では、同じく参加会社従業員の50％以上が以前から労働者参加制度を享受する場合にそのＷＢＬＤが適用される、④合併設立の場合のみ、ＥＵ加盟国（スペイン）の判断で標準規定を採用しないことも可能などの内容を全面改正する考えだ。

その結果、２０１５年1月15日に開かれたＥＴＵＣのＳＥリフレクション・グループの第２回会合で、ＳＥの会社規模（参加会社・本社及び直接または間接子会社の総従業員数）に応じて、ＷＢＬＤの参加割合（議席数）を決定する新基準（標準ルール）を設定した。これにより、前記①②③④のＳＥ設立の際の現行ルールは廃止され、企業形態（一層制・二層制）にかかわらず、すべての欧州会社・欧州協同組合（参加会社従業員合計50人以上のＳＥ）に、ＷＢＬＲの新基準（前出）が適用されることになる。

また、２０１５年6月25日のＳＥリフレクション・グループの第３回会合では、労使のＳＥプランの合意後、ＳＮＢ（特別交渉機関）とＳＥ経営側との交渉により設置が決まる「ＳＥ労使協議会」のコーポレートガバナンス強化や、労働者代表のボードレベルへの「未参加」継続問題等が議論された。

それによると、前者のＳＥ労使協議会の権限に関しては、既存の欧州労使協議会（ＥＷＣ）よりも役割を拡大する方向で、「合意」に達する意図を持って、情報と協議のより正確かつ広範な定義（＝全般的経営・日常業務・福利厚生事項など）を含めることにした。その契機となったのは、２０１１年6月に施行された改正ＥＷＣ指令において、新たに第7条（補完的要件）に「従業員の利害に著しい影響を与える例外的な状態や決定が生じた場合、特に事業所や企業の移転・閉鎖、又は集団的解雇（リストラ）の場合には、特別委員会が情報を提供され、協議する権利を有する」項目が導入されたことが挙げられている。

後者の課題は、ＷＢＬＤの新基準の適用により、解消される見通しだ。すなわち、ＥＴＵＣの「ＳＥ指令改正要綱案」では、欧州会社における労働者の経営関与の程度はＳＥの発展・存続を通じて、労働力（従業員数）の大きさの変化に直接適合させることを保証するという。例えばドイツＳＥの場合、ＳＥ（本社）の従業員が４９９人だったとき、現行ＳＥ指令ではドイツの国内法の３分の１参加システムが適用されない。しかし、改正ＳＥ指令案のフォールバック規定では、ＳＥ従業員（本社及びその直接または間接子会社の総従業員数）が50人以上であれば、ＷＢＬＤの従業員代表参加数は２または３名が確保される。

さらに、企業が発展しＳＥ従業員の規模が１０００人以上になれば、完全対等の２分の１共同決定制が導入されることになるわけだ。換言すれば、ＷＢＬＤの原則によって、労働者代表の監査役会への参加数交渉を再開し、ＳＥの役員議席をエスカレートすることで、企業のＷＢＬＤ適用阻止の試みを防止する対策である。

労働者経営参画の新基準（ＷＢＬＲ）のねらい

欧州労連が要求している労働者参加の「ＥＵ枠組み指令」には、企業の取締役会（一元制）又は監査役会（二元制）構造を規制する義務はない。取締役会及び監査役会のすべての労働者代表は、議決権（投票権）を含めて、株主を代表するメンバーと同等の権利と義務・責任を持つ正規社員でなければならない。その上で、企業の役員会（Board Level）と労使協議会（Works Council）の両方の労働者代表は、企業からの解雇と差別的扱い等からの法的保護を享受する。

そして、労働者代表の守秘義務に関する規則は、経営に関する守秘義務を十分に尊重して必要な情報の伝達を可能にする必要性がある。つまり、守秘義務の規則が労働者の取締役（監査役）レベルの代表者と株主代表に、同様に適用されるものとする。

他方、欧州では、男女同一賃金から企業のボード（意思決定）レベルにおける男女平等への長年の取り組みがある。ノルウェーは、クオータ制（性別割当制）を導入して、上場企業に女性役員比率40％以上を義務付け、２０１０年には44％を達成した。今回ＥＴＵＣが職場決議したＷＢＬＲの新基準においても、ＥＵレベルでの企業の取締役会で男女の不均衡を克服すべきだとし、常勤・非常勤を問わず、欧州会社（ＥＥＡ内の多国籍企業を含む）の女性のＷＢＬＤ比率を40～60％レベルにすることが盛り込まれた。

いずれにせよ、ＥＴＵＣは２０２１年3月に正式決議した「情報提供・協議及び役員会レベルの労働者代表権に関する新基準」（ＥＵ枠組み指令案）が欧州大のコーポレートガバナンス強化に役立ち、真の労使対等に基づく共同決定システムのグローバル化、拡大推進をはかる戦略である。

ＥＵの「経済民主主義」革命を問う

そこで、筆者は、欧州労連本部のヴォルフガング・コワルスキー上席顧問にインタビューし、公正なる最低賃金制度と職場での民主主義強化を進めるＥＵの「経済民主主義」革命を問うた。

公正なＥＵ最賃枠組み指令をめざす

――まず、２０２０年10月28日に欧州委員会が纏め発表した「ＥＵ（欧州連合）における適切な最低賃金に関する欧州議会及び理事会枠組み指令」提案については、どのように評価していますか。

コワルスキー　ＥＴＵＣ（欧州労連）は、団体交渉の促進と公正な最低賃金に関連する課題に対処するための「ＥＵ行動」が必要であるという欧州委員会（ウルスラ・フォン・デア・ライエン委員長）のマニフェストを支持します。その意味は、ＥＵで勤労する２４００万人以上の低賃金労働者が、ＥＵの最賃枠組み指令草案に対する労働組合の提案が受け入れられれば、適切な賃上げを得ることができるからです。

つまり、ＥＴＵＣは法定最低賃金がフルタイム（正規）労働者の全国総賃金中央値の60％未満、加盟国の平均賃金の50％以下で支払われないことを保証する「良識のしきい値」を、草案指令に含めるよう求めているわけです。欧州委員会も、草案指令にしきい値を含めることを考慮しましたが、加盟国の指標ガイドラインとしてのみの位置づけであります。このため、ETUCは、欧州経営者連盟（MEP）と協力して、最賃枠組み指令案が欧州議会に上程されるときには、この良識のしきい値を指令の本条文に織り込み、必須のボトムラインにしなければ駄目だと考えています。

また、私たちはこの枠組み指令の妥当性要件は、加盟国が法定最賃を支払うレベル（＝しきい値を超える）を決定できることを意味し、法定最賃が常に公平かつ適切な生活水準を確保するための社会保障制度だと思っています。文字通り、私たちが要求している「良識のしきい値」がEU指令で確立されるならば、加盟6か国（ブルガリア、ギリシャ、スペイン、アイルランド、ポーランド、ルーマニア）の労働力の少なくとも4分の1でまともな賃上げが生じることが、欧州委員会の調査でも分かっているのです。

また、最低賃金の引き上げに伴うコストは、原則として、雇用者が負担すべき事柄です。国の税控除やその他の補償メカニズムの使用は社会的対話の結果にすぎません。

――欧州委員会の最低賃金に関するEU指令案においては、団体交渉・労働協約の適用範囲が労働者全体の70％未満である加盟国は社会的パートナーとの協議後の法律または労使との合意により、団体交渉の条件を可能にする枠組みを提供するものとし、これにより団体交渉を促進するための「行動計画」を確立するとしているが、労働組合の対処策はどのようなものでしょうか。

コワルスキー　労働協約のカバー（拘束）率を少なくとも70％に増やすために、加盟国は社会的パートナー（労使）と協議して「行動計画」を策定する必要があります。これには、セクター（産業別）

団体交渉を促進するための措置が含まれます。この行動計画の中には、団体交渉の権利尊重を確保し、反組合主義等の問題に対処しなければならないことを明記する。そして、これらの団体交渉の支援に加えて、ＣＥＯ（社長）等経営陣と労働者の賃金（報酬）比率を枠組み指令によって導入し労働者賃金の底上げを図るとともに、経営トップらの過剰な報酬または引き上げを防止することで両端からの賃金・報酬格差を縮小できるでしょう。この措置（対策）は、まさに新型コロナ（Covid-19）危機からの回復がより平等で公正な社会に繋がる重要なシグナルになる筈です。

いずれにせよ、Covid-19 危機からの回復は、連帯と労働者（労働組合）の権利の尊重に基づいており、より公平で持続可能（ＳＤＧｓ）でより回復力のある社会と経済モデルへの道を開くことを保証する必要があります。この最賃枠組み指令において、ＥＵは賃上げを確実にし、加盟国間の労働と生活環境の改善を確保するために、緊急かつ野心的なイニシアチブをとらなければならない。欧州委員会が認識しているように、ＥＵの全ての労働者がまともな生活を得ることを保証することは、公正で回復力のある経済を構築するために不可欠であり、「最低賃金」はその重要な役割を果たすことになるわけです。

欧州労使協議会の実態と今後の課題

――欧州労使協議会（ＥＷＣ）の現状と課題について。最近時点のＥＷＣの設置件数と参加企業数、それは従業員１０００人を超える対象・欧州多国籍企業（グループ）の何割をシェアしているのか、新規の設立動向など伺いたい。

コワルスキー　ＥＴＵＩ（欧州労組研究所）の調査統計によると、２０２１年３月現在のＥＷＣの設置件数（欧州会社労使協議会（ＳＥＷＣ）との合計）は１６２７件です。これは、ＥＷＣ対象多国籍企業（２４００社）の68％に相当します。そのうちの１１９６件が１１６０社の多国籍企業（含欧州会社）で運用されています。これまでに３２６件のＥＷＣとＳＥＷＣがＭ＆Ａや企業倒産などで消滅したわけです。そして、ＥＷＣの増加数は２０１１年の改正ＥＷＣ指令の施行後１０２４件になって以来、年間数十件程度のペースで伸びています。

最近のＥＷＣ設立のトピックスを紹介しましょう。それは、高齢者介護を専門とするフランスに拠点を置くコリアン・ソーシャルケア多国籍企業と同社グループで働く従業員（労働組合）代表者の間で、ＥＷＣを設立する画期的な協定を締結したことが挙げられます。これによって、ヨーロッパの４か国で雇用されている４万７０００人の労働者のためのより良い賃金と労働条件、安定雇用を確保するためのディーセントワーク達成の労使協議が強力展開されるでしょう。

――今後のＥＴＵＣとしてのＥＷＣ指令の見直し、改訂に伴う方向性について。例えば、改善要件において、指令第２条に規定されているＥＷＣ導入の上限である企業グループの総従業員１０００人以上を、５００人または２５０人に削減する提案が継続検討されているのでしょうか。

コワルスキー　その提案は、すでに１９９０年代に放棄されました。つまり、私たちのＥＷＣ導入のしきい値を１０００人から５００人に下げるという要求は、元の指令（１９９４年施行）を採択するための妥協案だったわけです。

現在のＥＴＵＣのＥＷＣ指令の主な改善＝改訂要求案は、次のとおりです。

第一点は、関係欧州多国籍企業に対する効果的かつ説得力ある制裁を通じて、指令から生じる従業員関与の権利の行使です。これには、加盟国労働組合の特権による企業の経営決定の一時的な停止の権利が含まれます。

例えば、企業組織再編やリストラ（雇用削減）などの重大雇用問題が発生した場合、本社（親会社）の経営陣が総合経営戦略（雇用計画）の最終決定を下す前に、国境を越えた情報提供と事前協議のプロセスを適切に実施し完了する指令義務（第13条：協定）がありますが、実際的には当該ＥＷＣの権限・機能が働かず不十分なことが多く、殊に情報提供が遅延しすぎる課題が指摘されています。

事実、私たちの調査（２０１６年）でも活動中のＥＷＣの42％が本指令から免除、当該労働者が除外されていた状況にあったことが証明されております。

このため、当該企業（グループ）への制裁は、（雇用計画等の）最終決定によって直接影響を受ける加盟国内の労働者（ナショナルセンター）が実施計画の停止または無効化を支持することを条件として、情報提供及び協議（ＥＷＣ・特別委員会開催）手続きの違反の場合には企業の決定を無効にするべき規定を指令に織り込むよう進めています。

第二点は、司法手続きへのアクセスを確保することです。例えば、ＥＷＣ及び特別交渉機関（Ｓ

ＮＢ）の設置、交渉の有無について、労働側（従業員代表委員会）が企業に設置を要求したのにもかかわらず、無視・拒否された場合には、当該企業の本社登録国の労働裁判所に訴追できる法的手段の権利を明記しなければなりません。

第三点は、ＥＷＣの実用的な機能を改善するための選考・特別委員会等への子会社（従業員代表）の参加要件を拡大強化することであります。

欧州会社法従業員関与指令の改正に向けて

——欧州会社（ＳＥ）の現状と課題について、お聞きしたい。最新統計による欧州経済領域（ＥＥＡ）に本社を登録しているノーマルＳＥの数は如何に。この中で、「空（から）ＳＥ」（従業員が５人未満で業務稼働していない欧州会社）などと呼ばれる非ノーマルのＳＥ数、その改善対策を示してください。

コワルスキー　私たちは現在、ＥＥＡ内で活動している合計５９０社のノーマルＳＥ（既設ＳＥ３１４０社）を認定しています。また、非ノーマルＳＥの内訳では、マイクロ・エンプティＳＥ（業務活動を伴うＳＥであるが、従業員がいなく、もしくは５人未満の欧州会社）が４５５社、「ＵＦＯ」ＳＥ（従業員がいなく、かつ操業もしていないのに設立されたＳＥ）２０９５社（内チェコ共和国１７６８社）が登録されています。

この非ノーマルＳＥの存在については、ＥＴＵＣとしても、特に従業員の関与、経営参画がまったくないＳＥであり、付属指令を含めて設立条件等に関する現行欧州会社法規の改正を急がなければならないと考えています。

――これに関連して、欧州会社の労使協議会（ＳＥＷＣ）の設置数と全体比率、及び導入拡大策を教えてください。例えばＥＷＣ指令と同様に、「要求方式」でＳＥＷＣの設置を検討されてはいませんか。また、従業員数や国別に制限がある労働者経営参加制の適用対策はどう考えられていますか。

コワルスキー　その提案は良い考えですね。周知のように、多国籍企業がそのステータスをＳＥ（欧州会社）に変更したときに、要求と交渉（正式なプロセス）に続いて、「ＳＥＷＣ（労使協議会）」に変換される場合があります。しかしながら、問題点は活動中のノーマルＳＥＷＣが「従業員関与」を制度的に十分充たしていないケースが多いわけです。その導入割合は28％と過半数に達しておらず、内訳は「情報と協議」のみがＳＥ85社、「情報と協議及び経営参画（Workers Board Level Representative）」78社になっているわけです。

このため、私たちは情報・協議と取締役（監査役）会レベルへの労働者参加のための包括的な枠組み基準（ＥＵ指令）の制定を引き続き求めています。特に、２０２０年12月に取締役会レベルの労働者代表（参加）に関する２０１６年の大会決議が更新されたのは、ＥＴＵＣや加盟国労働諸組合の熱意、成果でした。さらに、欧州議会では、この情報提供と協議、労働者参加の枠組み基準問題とＥＷＣ指令の改正に関する立法イニシアチブレポートが２０２１年末に提出される予定であり、期待しています。

労働者参加権を止揚するレジーム・ショピングを許すな

――これに関連して、欧州産業民主主義・労働運動の重要課題になっている「レジーム・ショピング（Regime shopping）」（本社地買い）について、見解を示してください。

コワルスキー　私たち欧州労働組合運動は何十年にもわたって、ＥＵ当局が「レジーム・ショピング」を終わらせるよう要請している。これは、欧州の企業が「本社地」を租税が少なく、低賃金で自由操業できる他の（ＥＵ）加盟国に移転することを防ぐためです。

また、レジーム・ショピングは、労働者の参加権を軽視する。例えば、ドイツ、オーストリア、スロベニアのような企業の役員会（監査役会）への労働者代表参加制度（ＷＢＬＲ）が確立されているところでは、企業はそのような労働者の権利を否定するために、企業が成長するにつれて、本社を単純に他の加盟国に移転することが可能だからです。真の企業活動さえも頻繁にリストラが行われるため、労働者は適宜に情報と協議に十分アクセスできる必要性があります。欧州会社法のパッケージ（関連指令）の導入は、すべてのＥＵ加盟国の労働者とその代表のための情報提供と協議、経営参加権の現代的かつ適切な基準を法制化する絶好の機会であります。

前述のような国境を越えた業務（＝本社地買い）は、ＥＵの労働基準に公然と違反しています。２０１７年11月、ＥＵ首脳と欧州労働組合（ナショナルセンター）は「欧州社会的権利に関する柱」を支持した。欧州委員会が大綱（原則）を実践し、欧州の労働者に対して公正な労働市場を形成することについて、厳粛に取り組んでいるならば、企業がレジーム・ショピングで逃れることを可能にする法律の抜け穴を塞ぐ（法的）措置を講じなければなりません。

ＥＵの国境を越えた企業再編の枠組み改正指令に対する評価

――では、２０２０年1月11日に発効した「国境を越えた変換・合併及び企業分割に関する指令（ＥＵ）２０１７を改正する欧州議会と理事会の指令（２０１９年11月27日）」については、どのように分析・評価されていますか。

コワルスキー　この枠組み指令の最終結果（採択）に関しては、現状よりも優れているとはいえ、私たちが強く求めていたヨーロッパの労働者に対するより多くの情報提供と協議、参加権を確保する改善案には及ばなかった。いわゆる会社法パッケージの一部である企業の国境を越えた変換と合併・分割手続きを規制、整備していますが、ＥＵ理事会や欧州委員会の反対にあって、情報・協議、重役会レベルの参加権確立のための新枠組み、より民主的な指令の採択には至らなかったわけです。

――「共同決定システムは、参加型社会主義の支柱であり、これからは企業規模に関係なく、ヨーロッパだけでなく世界のすべての国に拡充しよう」と提唱する、トマ・ピケティの体制変革ビジョンについては、どのように考えていますか。

コワルスキー　前述したように、私たちは欧州多国籍企業及び欧州会社、欧州協同組合レベルでの労働者代表の（本社）取締役会または監査役会への参画を整備する〈ＷＢＬＲ〉の新基準（枠組み指令）を欧州全域に拡大する運動を展開しています。その一環として、ＥＴＵＣのウェブサイト「ヨーロピアン・アピール・オルグ」を使って署名活動を行っていますが、この中にピケティ氏[注2]の署名もあり、大きな支援、協力を受けています。彼は、世界中にＥＴＵＣが掲げているＷＢＬＲ（労使共同決定制度）の法制化を強く訴えており、心強い限りです。

ＥＵの国境を越えた企業再編の枠組み改正指令の施行へ

ここでは、前出のコワルスキー氏が強調したＥＵの「国境を越えた企業再編の枠組み改正指令」を分析したい。

欧州委員会（ＥＣ）によれば、「企業の国境を越えた変換・合併・分割に関する２０１７年指令を改正した欧州議会及びＥＵ理事会の指令」により、５年間で１億７６００万ユーロ～２億８０００万ユーロ（日本円で最大３億３６００万円）の経費節減が企業にもたらされると主張している。現在ＥＵには、約２４００万の企業があり、そのうちの約80％が有限責任（株式）会社である。

ＥＣでは、この指令が特に国境を越えた合併を行うのに十分な財源を持たない中小企業にとって、欧州会社（ＳＥ）への転換が魅力的な選択肢であることを強調している。労働側にとっても、企業からの情報提供・協議権や労働者の経営参画（共同決定）権がＥＵ会社法のパッケージ（指令）として認知された意義は大きく、日本の労働者代表制の法制化を考える上で指針を与えている。

２０２０年１月11日に発効された「国境を越えた変換・合併・企業分割に関する２０１７年ＥＵ指

令を改正する２０１９年11月27日の欧州議会及びＥＵ理事会の指令」（Directive (EU) of the European Parliament and of the Council of 27 November 2019 amending Directive (EU) 2017 as regards cross-border conversions, mergers and divisions）の内容骨子は、次のとおりである。

●国境を越えた変換とは、ＥＵ内登録企業（グループ）の本社（登録事務所）・監督官庁の移転に伴う当該国内法への転換を意味する。既存の欧州会社（ＳＥ）が登録事務所を別の加盟国に移転する方法も規定している。

●労働者参加に関する国境を越えた合併（会社）のルールについては、１つ以上の参加会社への従業員の参加が少なくともすべての合併参加会社従業員総数の33⅓％をカバーする場合、それらの参加会社の中で効力を有していた最も高い（労働者経営参加）比率に等しい数の管理または監督機関のメンバーを選出する権利を有する加盟国の標準規則が適用される。

●国境を越えた企業分割（持株会社・子会社設立）に伴う労働者参加のアプローチは、企業（親会社）経営者と特別交渉機関（労働者代表）の間の交渉で解決されない場合、分割で生じる会社のグループ本社の登録事務所が置かれる加盟国の労働者参加の標準規則が原則適用される。また、国境を越えた子会社設立の企業分割では交渉で合意が得られない場合には、オプションで、グループ企業参加会社の従業員数〈閾（しきい）値〉に関係なく、国境を越えた企業分割以前の出発（Department）会社・本社登録国の労働者代表重役制度（**表４－１**）が継続適用される。その経営

表4－1　欧州の労働者経営参画制度の概要

国名	適用基準（対象）	労働者代表人数	選出方法	被用者要件	企業構造
ドイツ	a）従業員500～1,999人企業（AG） b）従業員2000人以上AG c）石炭・鉱業、鉄鋼産業の従業員1,000人以上	a）監査役会の1/3 b）監査役会の1/2（議長は株主代表で2票持つ） c）監査役会の1/2＋経営役員会1名	a）経営協議会、従業員代表（投票） b）労組が候補者の2/3指名、従業員代表（20%） c）株主総会で指名	a）従業員のみ（勤続1年以上） b）従業員のみ（同上）／労組指名 c）同上／中立委員（外部）	二元制
スウェーデン	従業員25人以上企業	従業員1,000人未満：重役会の2名 従業員1000人以上：重役会の3名	（労働協約を締結した）労組の指名	従業員のみ	一元制
フランス	a）国有企業（株式50%以上可、子会社） b）民営化企業 c）従業員1,000人以上の民間企業	a）1,000人以上：監査役会又は重役会の1/3、200～1,000人：上記機関に3名以上 b）上記機関2～3名 c）取締役会の定員13人以上：2名、取締役会の定員13人未満：1名	従業員の投票	従業員のみ	二元制／一元制
スロベニア	民間企業（監査役会）	従業員20人以上：監査役会の1/3 従業員500人以上：監査役会の1/2＋経営役員会1名	監査役：経営協議会（WC）の指名 経営役員：WCの提案、株主が指名	制限なし	二元制
オーストリア	従業員300人以上の有限会社、民間企業	監査役会の1/3	経営協議会（WC）の指名	従業員代表委員会委員のみ	二元制
オランダ	子会社含め従業員100人以上の企業（資本金1,600万ユーロ）＋WC（経営協議会）有	監査役会の1/3	経営協議会（従業員代表委員会）の推薦、拒否権／株主総会の指名	被用者でないこと	二元制
スペイン	26の国有企業、46の貯蓄銀行（公立）	2名	最も代表的な2労組が各1名を指名		一元制
フィンランド	従業員150人以上企業	労使協定により会社機関及び労働者代表数を決定	WC職員グループの指名（合意なければ投票）	従業員のみ	一元制（二元制も可）
チェコ	国有企業 従業員50人以上の民間企業	監査役会の1/3	投票	国有企業：従業員のみ 民間企業：従業員と労組役員（外部）	二元制
ハンガリー	従業員200人以上企業	監査役会の1/3	WC（労働組合の意見聴取義務）	従業員のみ	二元制
ギリシャ	国有企業	重役会の2～3名	法律上は従業員（実際は労働組合）／投票（大臣指名）	従業員のみ	一元制

出所：ETUI（欧州労働組合研究所）など。

参画権（Workers Board Level Representative）は、新たに４年間、保障されることになる。

前記・ＥＵ会社法パッケージ（指令）が２０１９年11月27日、フランス・ストラスブールで、欧州議会のＤ・Ｍ・サソーリ、ＥＵ理事会のＴ・ウップライネン両議長によって署名され、欧州委員会は同年12月12日に「ＥＵ官報告示」を行った。告示から20日後に発効し、３年以内に各国（加盟27か国）で、国内法への転換、批准されれば、施行となる。

注

（１）欧州議会（合計議員数７５１）は、超国家的な会議体としては独特なものであり、院内では国ごとではなくイデオロギーが近似している議員で構成される政党やグループが形成されている。現在の欧州議会内の勢力（議員数）をみると、行政トップのユンケル欧州委員会委員長（当時）が所属する中道右派の欧州人民党グループ（ＥＰＰ）が最も多く、２１５議員。次いで、欧州社会党が中心で構成する社会民主進歩同盟グループ（Ｓ＆Ｄ）の１９０議員等。

（２）トマ・ピケティは、ヨーロッパで２０１９年9月に出版された著書『資本とイデオロギー』の中で、「参加型社会主義」と表現する代替案のバージョンで締めくくっている。これには、すべての富と資産に対する累進課税の強化とドイツやスウェーデンで行われている「共同決定（Co-determination）」制度の拡張も含まれる。すなわち、ピケティが提言する参加型社会主義のシステムは、「21世紀の社会民主主義」と呼ばれている。事実上、これには、教育・社会保障、ベーシックインカムのシステムへの平等なアクセスが含まれる。特に、彼が提案しているのは、企業統治（コーポレートガバナンス）の制度改革による「共同決定（Co-determination）」の拡大導入である。ドイツをはじめ、多くのヨーロッパ諸国で、大企業の重役会（取締役会）又は監査役会（二元制の最高意思決定機関）の議席の半分を従業員代表や労働組合が選出される法制度があったが、重役会の議決権の残りの50％は株主（代表）が持つ仕組みである。したがって、これは株主資本主義の定義と考えられている１株１票の通常規則と比較すると、非常に大きな変革「経済民主主義革命」であり、フランスや英国、米国、そして、このシステムが導入されていない他の国では、株主はこのアイデアをまったく好んでいないとされる。しかしながら、結局、企業（グループ）の長期戦略（ガバナンス）に労働者が参画することを可能にした共同決定制度は、ドイツとスウェーデンでかなりの成功を収めたことは確かだ。例えば、労働者代表重役制度を導入しているスウェーデンでは、企業経営者報酬の抑制効果があり、安全雇用確保や生産性向上、公平な利益分配等に繋がっているとされる。ピケティ自身も、「共同決定システムが参加型社会主義の一番の支柱であると言い、世界のすべての国に拡張しようと強調した。そして、共同決定制度がドイツで適用される大企業（従業員５００人以上）だけでなく、中小企業にも拡張すると。スウェーデンでは、非常に小さな会社（従業員24人以下企業）は除外されているが、文字通り、これからは組織の規模に関係なく、すべての企業に適用されなければならないとした。ともあれピケティは「私たちは非常に教育を受けた（民主主義）社会に生きており、多くの人々（賃金労働者、エンジニア、マネージャー、技術者等）が企業の意思決定に参加、貢献する社会的責任がある」と、結論づけた。

第II部　日本におけるコーポレートガバナンスのあり方

第1章　日本のコーポレートガバナンス・ビジョン

――「共同決定制」の導入と公正なる分配制度をめざす

近年、新自由主義の往来とともに、「格差社会を超える」議論が活発だ。世界否、コロナ禍でポスト・アベノミクスの影響を受ける日本でも、非正規労働者の増大に歯止めがかからず、男女の賃金格差を含めた経営テクノクラートと一般労働者の間での報酬・労働条件格差や生活教育貧困等が拡大している。

フランスの経済学者、トマ・ピケティによれば、その打開策として国家が介入し、累進的な所得税、相続税に加え、世界共通の資本課税を強化し徴収することが効果的だと主張する。また、所得格差の是正のため、企業トップ（CEO）の報酬を最低賃金の百倍以内に抑えるべきだと指摘する。それを具現化するために、ピケティはドイツの労使共同決定制度（モンタン共同決定法）をヨーロッパだけでなく、日本を含む世界各国に導入しようと提唱している。

換言すれば、企業の社会的責任（ISO26000）の確立、職場のディーセントワーク（安心・働きがいのある人間らしい労働）を実現させる意味でも、労働者参加のコーポレートガバナンス（企業統治）の法制度が必要不可欠な時代に入っているのだ。つまり、市場万能主義、反福祉国家、労働規制緩和の流れは、低経済成長の中でワーキング・プア（働く貧困層）や生活困窮者、大量の非正規労働者（全雇用労働者の約4割）を生み出し、巨大なる「格差社会」を形成した。しかし、これに抗して〈福祉社会〉を堅持、充実してきた国もある。北欧・スウェーデン、フィンランド、デンマーク、そしてドイツ、オーストリアなどの経営・産業民主主義＝労働者参加（共同決定制）を法制化している国だ。

これらの国は、グローバル・カジノ（金融）資本主義に反対するキャンペーン、労働社会運動を強力に展開している。要するに「経済民主主義」の出番が再び、やってきたということだ。日本も学ぼう。「日本再生」のために、労働者参加の企業統治改革、新しい福祉社会実現のためにというのが、本書の目的である。

役員会への従業員代表の参加の必要性

「労働組合が取締役会に参加し、発言・提案することが企業に有益であり、その経営監視・監督機能は独立社外取締役ではカバーできない」（『企業統治改革の陥穽』小池和男著より）。

これは、２０１５年に東京証券取引所と金融庁が導入した「コーポレートガバナンス・コード」の基準である機関投資家などからの社外取締役の複数選任に対抗したものといえ、ドイツの共同決定制モデルを手がかりに、従業員代表（労働組合）の取締役会への直接参加の必要性を強調した「労組を活かす経営」を謳う新企業統治改革論である。

小池は、この本の中でコーポレートガバナンス（企業統治）改革でいえば、米国流の外部からの監視、社外取締役の必要性が叫ばれるが、「本当にそうなのか」と疑問を投げかける。なぜならば、米国で社外取締役を選ぶのはＣＥＯ（社長）であり、その「お友達」を選ぶことが常識だと言われる。だが、その産業（現場）の経験もなく、いかに高邁な人格でも、パートタイムの参加でその企業の急所を把握できるだろうか。それで企業が厳正、適切に行動し、社会的責任（ＣＳＲ）を果たせるのか、と。そこで、小池は社外取締役に較べ、その企業に職業的生涯をかけた従業員代表＝労働組合の経営への発言、チェックを重視する。文字通り、取締役会への〈労働者参加〉は、企業の生産性を高め雇用の安定・拡大にとって不可欠なルートだと指摘する。特に、市場経済の下では、長期の雇用は企業の長期の競争力に大きく依存するとして、それを高めるにはイノベーションにせよ、人材形成にせよ、時間がかかる。こうした長期の投資を後押しする一翼を労働組合にこそ期待するというのが、この本・経営統治改革の「結論」であろう。

小池は、この本の最後の章「長期の競争力と労働者の発言」で、企業役員会への従業員代表（労働組合）の参加の重要性を強調した。１９７７年と84年「労使コミュニケーション調査」（労働省主管）を取り上げて、日本の労働者のかなりは、役員会へ労働者代表を送り込む方式も希望している。労働者の企業経営への発言というなら、この方がはるかに直截である。もし、労働者が長期の雇用の確保を重視するならば、この方法こそ格段に効果が高いであろうという。

なぜならば、長期の雇用は企業の長期の競争力にカバーされており、その国際競争力を左右するのは設備投資であり、研究開発投資であり、人材形成である。それへの資金配分を決定するのは役員会であって、労使協議制ではないからだ。その肝要な場に従業員代表を送り込む必要性を説くわけだ。

この従業員参加方式の効果として、職場で働く労働者たちに、企業についての信頼できる経営情報（生産・販売実績、その見通しや競争相手の状況など）が詳しく提供された。その結果、ドイツでは激しいストライキなしに雇用を削減、合理化できたと。しかし、この実態調査はあくまで資本・経営者側の見方であって、労働者側にとっても、「フォルクスワーゲンの米国への工場進出の際、国内の雇用を心配して、従業員代表が反対したために、経営者側も議決を強行せず、翌年満場一致にしたケースがあり、それでも企業業績は良好だった」（小池）ことは特筆されよう。

また、企業投資計画につき、長期の投資のリスクを避けようとする株主側（監査役）に対し、従業員代表たちは長期の雇用安定を強く望む職場の中堅層の意向をよく反映した効果を挙げた。筆者にとって、「小池試論」は日本のコーポレートガバナンス改革、労働者の経営参画制度の導入、法制化を考えるうえで、大きな示唆を与えてくれた。

一方、経営者側も、経済同友会が戦後初期、1947年8月に企業経営民主化の試案を公表した。その中で、①株主総会に代わって、経営者と労働者が労使対等の票決権を持つ「経営協議会」を企業の最高意思決定機関（社長などの経営執行役員もここで選任）とする、②株主総会は、基本的に監査機関とする法案を提言している。

このことは、労使関係とは、長期的観点から、単に労働条件を決める、あるいは労使の利害を追求するだけのものではなく、広く国民・産業・企業（グループ）・地域の将来動向などに対して、労使共通の情勢と認識の共有化、場合によっては共同行動など、新しい経済民主主義の使命を追求していく社会制度が必要であるとの考え方に立脚したものであろう。

残念ながら、同試案はその後、経済同友会の執行会議で機関決定ができずに消滅したが、日本生産性本部（労使・学識者の参加する民間シンクタンク）の生産性運動三原則に部分的ながら活かされていると言えよう。この三原則は、（1）雇用の維持・拡大、（2）労使の協力と協議（コミュニケーション）（3）成果の公正な分配で構成されているが、企業の生産性向上につながる経営資源つまり労使コミュニケーションの促進が最重点項目に掲げられていることは見逃せない。

金融庁・東証のコーポレートガバナンス・コード改訂への評価

東京証券取引所が2018年6月に改訂されたコーポレートガバナンス・コード（企業統治指針）においては、従業員との関係では「株主以外のステークホルダーとの適切な協働（企業価値を高めるために共につくる・広義のコミュニケーション）」や「適切な情報開示と透明性の確保」の原則しか示されておらず、依然として、株主（Shareholder）重視・優先のコーポレートガバナンス・コードである。

他方、株主や投資先企業との建設的な対話を実践する動きが広がったことから、同改訂では「独立社外取締役の複数選任と取締役会の多様性等」が新設されたのが大きな特徴点である。

しかしながら、この基調は3年ぶりに改訂されたコーポレートガバナンス・コードにおいても変わっていない。実際、2021年6月11日に施行された改訂コードでは、①取締役会の機能発揮、②企業の中核人財における多様性の確保、③サステナビリティ（ESG要素を含む中長期的な持続可能性をめぐる課題への取り組み）を主要ポイントに挙げている。また同時に、「投資家（資本）と企業の対話ガイドライン」も確定となった。

この中で、一番重要視しているのは、①で企業価値の向上のため、取締役会での「独立社外取締役」の割合をプライム市場上場企業において3分の1以上選任（状況によっては過半数の選任検討）や指名委員会・報酬委員会の設置（プライム市場上場企業は独立社外取締役を委員会の過半数選任）などによって、透明・果断な経営判断による攻めのガバナンスを促進する考えだ。

しかし反面、株主以外のステークホルダー（従業員）との関係・対話の向上面では、取締役会は、「人権の尊重、従業員の健康・労働環境への配慮や公正・適切な処遇」確保を新設したにすぎず、上場会社はステークホルダーに対する適切な協働を欠いては、その持続的な成長を実現することは困難に留まっている。その際、資本提供者は重要な要であり、「株主は企業ガバナンスの規律における主要な起点・優位者である」ことに変更はないわけだ。

前記したとおり、日本の企業統治指針は英国アングロサクソン流をモデルにした経緯があり、その英国が2019年1月スタートしたコーポレートガバナンス・コードの改訂で、従業員の意見を経営（取締役会）に反映させるための手法を規定した。「従業員の指名による取締役の任命（従業員代表の招聘）」「正式な従業員諮問委員会（会議）の設置」など、従業員経営参加のコーポレートガバナンスの枠組みを提示している。だが、日本のコード見直しではドイツ・北欧モデルは勿論、英国の水準にまで到達していないのが現実である。

ただ、今回コーポレートガバナンス・コード改訂の中でも評価できるのが、企業の中核人材におけるダイバーシティの確保である。管理職における多様性の確保、つまり女性・外国人・中途採用者の登用についての考え方と測定可能な自主目標の設定、とりわけ取締役会に占める女性役員の比率向上が求められている。たとえば内閣府の男女共同参画局が公表している「上場企業の取締役会に占める女性比率」では、２０１２年から２０２０年の８年間で、上場企業の女性役員数は約4倍に増えて成果が上がっているものの、その割合は依然として、６・２％と諸外国の女性役員割合に比較しても低水準だ。

言うまでなく、女性の活躍推進は少子高齢化に伴う人口減少が深刻化する日本において、ダイバーシティな視点によってイノベーションを促進し、日本経済社会に活力をもたらすものであり、持続的成長（ＳＤＧｓ）のために不可欠な条件である。さらに、昨今の資本市場においては企業の女性活躍状況が投資判断に配慮されるようになってきている。女性が企業の責任ある地位で活躍することは、グローバルな競争が激化するなかで企業の持続的な成長、ジェンダー平等（バランス）推進、企業イメージの向上につながることは間違いない。

また、こうした状況の中、資本市場において、ＥＳＧ（環境・社会・ガバナンス）情報を投資判断に組み込み、長期的な投資リターンの向上を目指す、いわゆるＥＳＧ投資が世界的に拡大してきており、日本においても、社会経済の民主化と企業ガバナンス強化の立場から女性活躍、ジェンダー平等の推進が優先課題となっている。

この観点からも、今後の日本の企業統治改革の最重要課題としては、企業のグローバル化、資本系列化の拡大に伴う〈企業グループのガバナンス強化〉のために労働者代表（労働組合）の経営中枢への経営参画と、グループ全従業員の組織化が必須条件だと言える。

その意味で、多大化するＥＵ（多国籍）企業や欧州会社の再編問題等で労働者の雇用保障を優先した雇用調整の取り組みや、欧州労使協議会（ＥＷＣ）と労働者代表取締役（監査役）制度を通じて、従業員が企業経営に係る事項に関して発言、共同決定する労働者参加を拡大深化させているＥＵのコーポレートガバナンス体制改革から学ぶべき必要性があるだろう。

なぜ、新たな「労働者参加」が必要か

そこで、労働者参加の目的は何かということで、６つの基本コンセプトを設けた。第一に、参加民主主義・経済産業民主主義の確立のために、労使対等に基づく「経営参画」が必要だ。

今の日本は、グローバル市場化と株主重視のアメリカ的企業統治が支配的になり、ステークホルダーとしての従業員が軽視されるようになったため、企業のステークホルダーとしての労働者の権利と利益を護るために労働者の経営参画が要請される。

日本的経営は、企業の従業員を今日的言葉で言えば、ステークホルダーとしてきた、企業（事業体）の最大構成員の労働者の権利と利益を保持するために、「労使同権・対等性」に基づく労働者の経営参画権を法的にも明確にする必要があるのだ。

労使対等・対抗力として

第二に、労働組合の組織率の低下により、経営に対する対抗力としての労働側が弱くなり、分配関係でも労働者が不利になっているから、新たな形での「対抗力」をつくるためである。

全就業者に占める労働者（雇用されて働く人）の比率は、１９６０年の66・６％から２０１９年には84・７％へと上昇したが、労組組織率はピーク時の55・８％からは勿論、１９６０年の32・２％から２００８年の18・１％を経て、コロナ禍の２０２０年には17・１％へと低下した。米国では10・８％まで低下した。労組組織率が低い第三次産業、女性労働者、非正規労働者の比率の増加と労働市場の国際化、現実には格差が拡大しているのに、意識は中産化（脱労働者化）しているから等の要因が労組組織率の低下をもたらした。このままでは、労働者の権利と利益を保護する対抗力が失われる。ＯＥＣＤ統計で見ても、労組の組織率と所得分配の不平等度との間には逆相関関係がある。

今や、労働組合の力の退潮は国際的に見られる傾向である。しかし、労組の組織率復興を目指すと同時に、新しい形での対抗力として、労使対等のために労使の対話（コミュニケーション）と協議の場が必要であり、そのニーズに応える動きが生じつつある。欧州でも、労組の組織率は低下傾向にあるが、ＥＵ（欧州連合）諸国では、労組による団交以外にも経営参画の道を法律で義務付けている。

企業統治の拡大強化のために

第三に、労働者参加によるコーポレートガバナンス（企業の監視・監督）の拡大強化ということで、労働者（組合）の経営参画による企業の民主的管理、経営民主化を推進しなければならない。現在、上場企業ではコーポレートガバナンス・コードが置かれているが、これは労使対話（協議）で労働者の参加決定権が無い、株主優位のコーポレートガバナンス・コード（指針）であり、ステークホルダー（利害関係者）カンパニーの方向に転換することが必須条件である。

所得格差の是正

第四は、格差増大阻止のためである。就業者の大部分を占めながら、労働者は大企業対中小企業、正規労働者対非正規労働者という形で処遇が大きく異なり、労働者は「分割支配」されている。新たな形での格差阻止のために労働者参加と連帯が必要であるが、労働者の経営参画と連帯によって、この分割支配から脱却することが必要である。つまり、格差や分配の不公正を避けるためにも、経済を健全に運営するためにも、労働者の利益と権利を護る労働者参加の企業統治制度が新たに必要である。

第五は、環境問題も企業レベルで対処することが要請されている新しい分野であり、労働者の参加と協力が要請される。もっとも、古くから職場の安全と環境問題は労使の切実な問題であり、何らかの労使協議の対象にされることが多い。

スウェーデンでは、職場の安全を見守る職場代表オンブズマンが発展して労働者が参加して強い権限を持つ職場環境オンブズマン（代表）制度となり、職場が法律の定める安全基準や環境基準を順守しているかを見守る役割を果たしている。

脱炭素社会（Corbon Newtral）に向かって、日本は地球温暖化阻止のための省エネルギー、再生可能エネルギーの利用拡大などで、労使の協議・協力が要請されている。環境問題は、地域の住民にとっても大きな関心事であるから、地域住民を含む政労使の協議・決定の場が必要である。

労働組合の組織拡大と職場民主化の主体的役割を

最後は、労使の信頼・コミュニケーション（意思疎通）促進のために、良きパートナーシップである全労働者（社員）参加の「共同決定」つまり労使経営協議制の社会化、法制化を推進することである。

日本の労働者参加の現状は、厚生労働省の令和元（２０１９）年度労使コミュニケーション調査結果によると、労使協議機関のある事業所（常用労働者30人以上企業）の割合は37・1％（事業所に雇用される常用労働者から一定の方法により抽出した労働者への調査33・９％）と約４割に達する。このうち、コーポレートガバナンス（企業統治）の観点から重視しなければならない「経営に関する事項」を取り扱う欧州の労使経営協議会（Works Council）に相当する「労使経営協議機関」（従業員代表委員会）のある事業所割合（設置率）では、労働組合が「ある」事業所は56・7％（２０１４年調査46・61％）、「ない」事業所31・7％（同23・3％）で大きく異なる実態が明らかになった。また、全体（調査計）では48・８％と前回調査（31・９％）に比べて、重視度が大幅に回復していることが分かった。ただし、**図５－１**を見てわかるように、ＥＵ諸国に比較して、労使経営協議機関の事業所設置率が非常に低い

図5－1　欧米と日本の労使経営協議機関の事業所・労働者参加割合

<2009年（平成21年）統計調査>

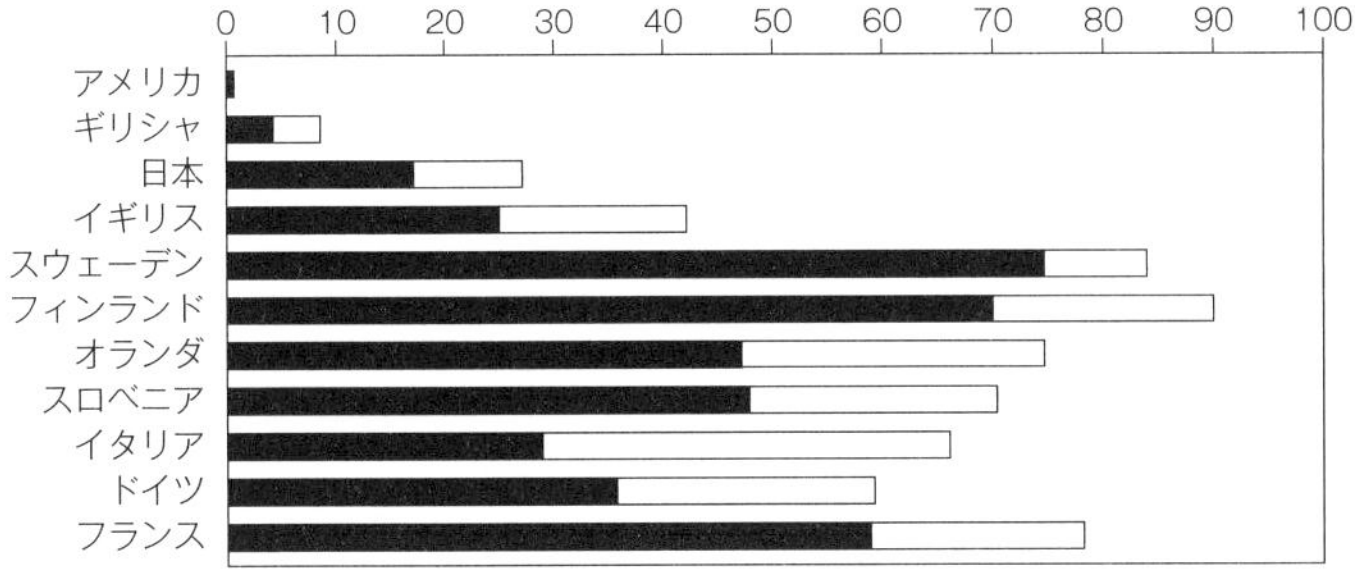

注：1）Eurofound（EU付属の労使関係研究機関）欧州企業調査（ECS, 2009）、厚生労働省大臣官房統計情報部調査（2010）等より作成。

2）統計調査の対象は、従業員10人以上の全事業所（韓国、日本を除く）である。

3）「労使経営協議機関」とは、事業所または企業における生産、経営・再建（リストラ）などに関する諸問題につき使用者と労働者の代表とが協議・決定する制度的機関をいう。通常"Works Council"（労使経営協議会、従業員代表委員会）等の名称で呼ばれる。

4）グラフの黒色は労使経営協議機関の事業所割合、白色は労働者参加割合を示す。

図5－2　労使協議機関に付議する事項

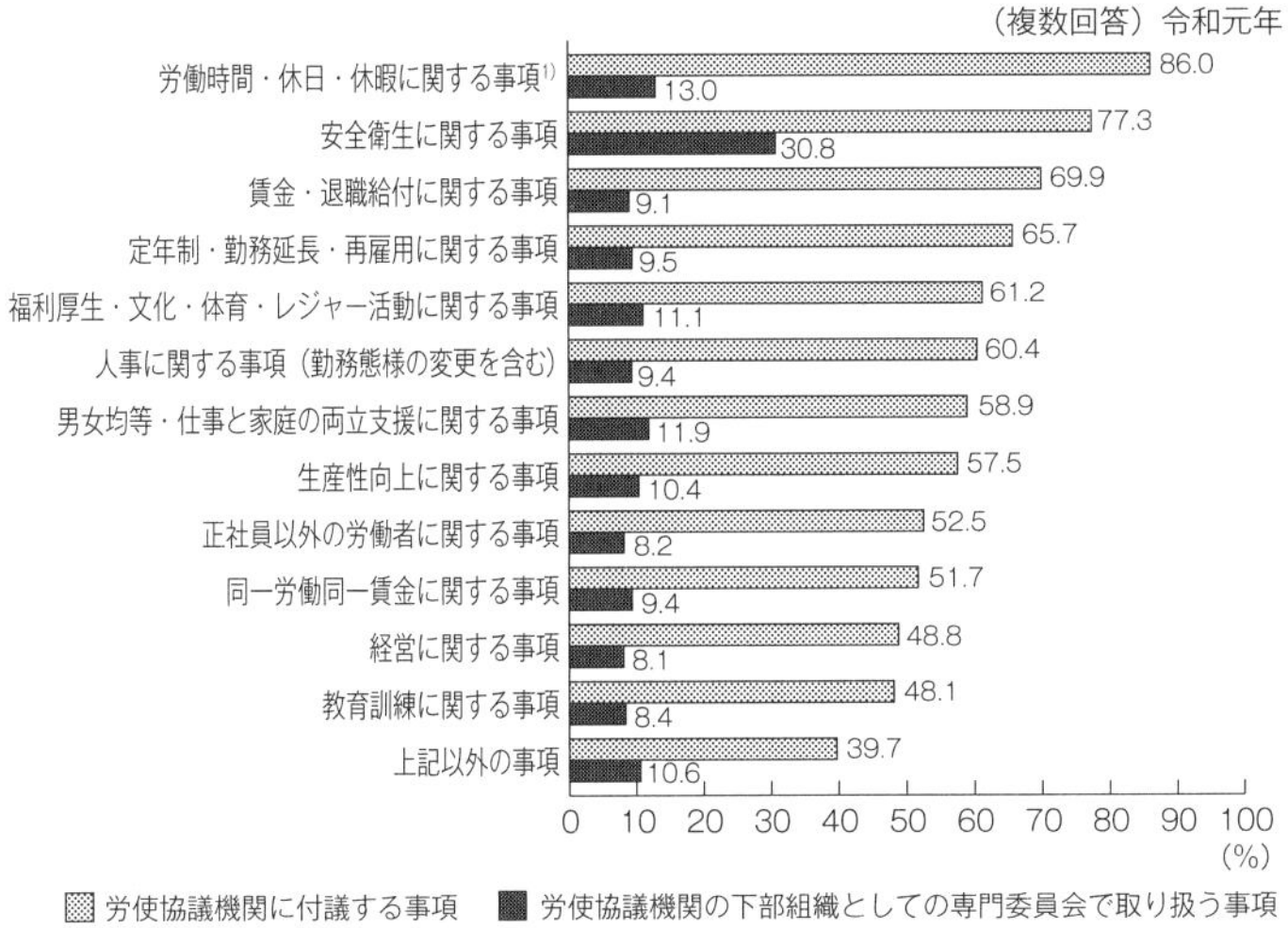

注：1）育児休業制度、介護休業制度及び看護休暇制度を含む。

わけだ。

図5－2のとおり、労使協議機関がある事業所について、労使協議機関に付議する事項をみると、「労働時間・休日・休暇に関する事項」86％が最も多く、次いで「安全衛生に関する事項」77・3％、「賃金・退職給付に関する事項」69・9％などとなっており、前出の「経営に関する事項」に占める割合（48・8％）とのギャップが目立つ展開である。

こうしたことから、労使経営協議機関への労働者参加の割合も3割前後が続いており、株主重視のグローバル金融資本主義市場経済から雇用を護るための、労使経営協議会の設置率を高める事が最優先課題になっている。

すなわち、日本の労働組合は「労働者代表制」（労使経営協議会）を法制化することで、労働者代表委員会（含グループ）の構成・設立に参加協力し組織拡大につなげる責務がある。そして、職場（企業）の民主化、労働者参加のコーポレートガバナンスを確立する上で、主体的に参画する社会的役割があるのだ。

ＪＡＭ大阪の事例

現場から、大阪の金属系中小労組を中心に、「労使経営協議会」の法制化の動きが高まっている。

２００８年秋のリーマン・ショック以降、大阪では、金融・経済危機の影響で倒産が相次ぐ一方、企業不祥事や経営破たんなどの要因としてコーポレートガバナンス（企業の監視・監督）の弱体化がクローズアップされた。しかし、反面、経営施策に関して会社と〈事前協議同意約款（共同決定）〉を締結している金属労組においては、工場閉鎖・譲渡などの合理化・企業問題に対し、逆に「企業再建プラン」を提起し、大衆闘争を背景に交渉を展開した結果、企業の合理化・リストラ案を撤回させ、職場と雇用を護ったケースが少なくない。

ＪＡＭ大阪によると、２００９年度の合理化企業問題の発生状況は、提案が２０６単組・３３１件、うち３分の１で完全実施された。これに対して、会社側の提案を拒否し撤回、また計画を修正させた労組は、いずれも経営施策等に関する事前協議（同意）制を確立している。

例えば、鉄線・釘・ねじを製造販売しているA会社（従業員50人）の労組では、業績の悪化が続き、新たな合理化提案が予測された。このため、２００８年8月に「工場存続・発展のための労働組合からの提言」をまとめ上げ、経営側に要求した。その内容は、経営体質の改革と生産管理体制の抜本強化をめざす「工場再生の７つの柱」である。この中長期再建策を、労使経営協議会を通じて経営側に同意させた。

この辺の事情について、中小労組を多く抱えるＪＡＭ大阪（組合員４万６０００人）では、加盟労組で労働協約によって、企業と「事前協議同意約款」（労使経営協議制）を締結している労組は約４割ある。企業再編・再生等への労働組合の関与を拡大強化し、コーポレートガバナンスにおける労働者の発言ルートを確保するには、「労働者代表制の導入と労働者の経営への参加決定権の法制化が緊急課題だ」と訴えた。苦境からの脱却と日常的な経営基盤の強化にも、労使対等を前提とする労使経営協議制を中小企業等全国に拡大、社会化するために法制化が必要だと提起する。

これを踏まえて、JAM大阪では、企業組織再編に対応する労働組合の取り組みとして、次の施策を纏め運動を進めている（注1）。

- 企業再編についての事前協議（同意）約款の締結である。少なくとも公式発表前に労働組合に対して、公式・非公式に関わらず、企業再編に関する情報が開示されることが是非とも必要である。
- 労働組合組織の存続を保障させることである。勿論、この保障は上部団体への所属も含む。
- 手続き的には、既存の労働協約（特に債務条項）を包括的に承継させることである。
- 事業体の存続と発展を保障させることである。この場合、労働組合が自らの立場から、企業の存続・発展に関する基本的な考え方を確立しておくことが必要である。
- 雇用を承継、保障させることである。このことは第三の要件の目的となる。
- 労働条件を承継させ保障させることである。変更が必要な場合、労働組合との事前協議・同意が必要であることを明確にしておくことである。
- 以上のことを移転元だけではなく移転先経営者とも交渉し、確認することである。

また、労働組合は経営側の企業再編法制の整備に決定的に後れをとってきた。今後、これら企業法制の整備に対応した労働者保護ルールの立法化を急がねばならない。その際、EU指令に倣って、事業譲渡を含むすべての企業再編（事業移転）に際して、①移転元の労働者の労働契約（雇用・労働条件・労働協約等）の移転先への包括的な承継、②雇用契約・雇用関係から生じる義務についての移転元・移転先経営者の連帯責任、③解雇と労働条件不利益変更の原則禁止、④経営者（移転元、移転先）の労働組合との誠実団交義務、⑤事前の情報提供義務、⑥労働者の異議申出権の保障等の基本原則を明確化しなければならない。さらには、不当労働行為が明らかになった場合、企業再編そのものが不成立となるような強い法的枠組みも必要である。

企業再編において、特に重視すべきは、強い団結力とそれを背景とした労使対等の団体交渉である。JAM大阪の事例をみても、合併や事業譲渡が成功裏に進んだ実例のすべてでそのような団体交渉が行われ、移転元の経営者のみならず、移転先の経営者との団体交渉もほとんどの実例で展開されている。文字通り、「信頼に基づく対等で良好な労使関係」が企業再編のような企業の命運を左右する重大問題を円滑に進める鍵となっているのである。

特にJAM大阪で問題になったのは、ブラック企業T社による株式買収によるN社に対する企業乗っ取りである。最大株主となり経営を独占したT社は、N労組に対してユニオンショップ協定や便宜供与、事前協議同意約款等を規定した労働協約の全面破棄を申し入れてきた。また、すでに協定された一時金の削減・不払い、特定の組合員に対する労働組合からの脱退強要、組合三役に対する制裁的な不当査定等々の不当労働行為を次々と繰り出し、労働組合を弱体化させ、破壊しようとし始めた。

さらに、T社は自らホールディング・カンパニー（持株会社）を立ち上げ、N社をその傘下に収め、新入社員をホールディング会社で雇用し、N社に出向させるという手の込んだ手口で、N労組の組合員を減少させて少数派へ追い込もうとしてきた。N労組は、職場における全面ストライキを基軸とする実力闘争と地労委、地裁等での法廷闘争を組み合わせながら反撃した。実に6年間の長期闘争の結果、会社は全面的に謝罪し、労働協約の存続を確認し、出向社員へのユニオンショップ協定の適用を認めた。現在、ようやく正常な労使交渉が出来始めている。

一方、合併問題の対処方法は、「包括承継」で消滅会社の全ての権利義務が存続・新設会社に包括的に承継される。したがって労働契約（雇用）、労働条件、労働協約も全て承継される。このため、一般的に労使間の紛争は生じにくい。JAM大阪では、合併は企業再編の主要な形態となってきたが、「包括承継義務」を最大限活用した団体交渉を展開することにより、合併時に問題が派生した事例は少ないという。

いずれにせよ、JAM大阪では、労働組合の経営基盤強化のために、日常的な全労働者（組合・従業員代表委員会）による「企業体質改善強化のためのチェック・リスト」は、①生産体制の点検＝仕事量、製品、納期、生産設備、作業量・方法、品質、生産管理体制、人的資源、②営業体制の点検＝販売方針、アフターサービス、販売ルート・方法、販売価格、営業管理体制、③製品開発、技術開発の点検、④企業管理体制の点検、⑤安全衛生の点検、⑥コンプライアンス（法律順守）の点検、⑦権利の点検などの経営チェックが必要だとしている。

この面で、ドイツのIGメタル（金属産別労組）は、企業経営を労使対等の立場からコントロールするために、共同決定システム（法）を担うことができる人材育成制度を整備しているが、日本の労働組合も、企業経営に対等に渡り合える能力の陶冶、「コーポレートガバナンス労働教育」の拡大推進が重要である。こうしたことから、JAM大阪の主導の下、加盟単組の経営分析研修会の定期開催などを実施している。

企業グループのガバナンス強化と労働組合の役割 ――日本ハムとケンウッドの場合

次に、日本ハム労組（正式名称「全日本ハム労働組合」）におけるグループガバナンス強化の取り組みを紹介しよう。

現在、同労組には9つの労働組合が結集し、組合員総数は約7800人で構成されている。9つの労働組合は会計と規約を共有しており、組合専従者は出身会社や出身組織にかかわらず各単組を襷掛けで担当している。経営の方針を決定する日本ハム株式会社に対して、経営協議を行えるのは日本ハムユニオンであるため、本社の日本ハムユニオンの専従者が全日本ハム労働組合の8つの労組役員を兼務することで、グループガバナンスを強化しているのが実相である。

一方、「ニッポンハムグループユニオン」という連合体も組織している。同グループユニオンはニッポンハムグループの21組合で構成しており、組合員総数は約9600人。ニッポンハムグループユニオンは緩やかな連帯で定期的な会議の開催を行い、主にグループの方針や経営協議会の議事録等の情報共有を行っている。

日本ハム労組が「ガバナンスの強化」に取り組むきっかけとなったのは、過去の企業不祥事であることは論を待たない。

周知のように、日本ハムでは2002年8月6日に国の補助金申請に関わる食肉の偽装事件が発覚した。当時、BSE（狂牛病）が発生し、国産牛肉を対象に市中への流通を防ぐために国の買い取り制度が設けられた。事件は、日本ハムのグループ会社が輸入牛肉を国産牛肉と偽り、補助金を不正に受給しようとしたことから始まる。事件の発生要因としては、グループ会社の当該営業所長が売り上げ減少による在庫過多を解消するために買い取り制度を悪用するという独断的指示を行ったことが挙げられよう。不正な処理を行った営業所は限定的であり、会社が指示をしていたものではなかったため、当該営業所のみの判断だった。

また、当時、当該グループ会社には労働組合がなく、経営に対するチェック機能が働かなかったことも、一つの発生要因になった。事件発生当時の会社の状況としては、過度な業績至上主義であったと、労組側は見ている。

この事件に対する労働組合の対応手段としては、親会社（本社）に緊急の労使協議会を申し入れ、事件の経緯報告や従業員の雇止め・不利益な取り扱いに関しての協議を行った。また全国のオルグを随時開催して、組合員の声と現場の実態を経営陣に訴えたという。

一方で、この問題に取り組むときの労働組合の体制は、日本ハムユニオンという日本ハム株式会社の従業員で構成している組合を中心に対応せざるを得なく、グループ会社が起こした不祥事であってもグループ全体に影響が及ぶことから、「コンプライアンスの課題というのはグループ会社全体で取り組まなければ、不十分である」（白神直大全日本ハム労働組合委員長）との認識を改めて持ったわけだ。

このための対策として、本社は「コンプライアンス体制の構築」を掲げており、各社、各職場に「コンプライアンスリーダー」を設置して、全社のコンプライアンスに関する方針の浸透を図っている。具体的には、年に1回、コンプライアンス大会という全従業員を集める大会を各社、もしくは各職場で開催している。また、大会の運営や現場の従業員の相談役になるようなコンプライアンスリーダーを設置している。その「コンプライアンス委員会」は、取締役会の諮問機関の役割を持っており、メンバーは、社長、副社長、担当役員、それ以外に社外取締役とオブザーバーとして社外監査役、そして従業員代表として労組委員長で構成されている。委員会では、提案に対して委員の合意形成が図られなければ取締役会には諮問されないため、従業員代表（組合）の意見が反映される機能になっている。

いずれにせよ、同社のグループガバナンス強化の取り組みには、労働組合がしっかりと経営中枢に参画していくとともに、全従業員の組織化つまりグループ各社と非正規従業員の組織化が欠かせない考えだ。そのうえで、「グループ全体での労使コミュニケーションの充実を図る」というコンセプトの基で、「グループ経営協議会・労使懇談会」の拡大強化に取り組んでいる。

ケンウッド（現ＪＶＣケンウッド会社）の事例紹介では、まず同社は２００２年5月に「抜本再建計画」を発表した。（注2）その計画には、事業の選択と集中、生産・販売拠点の再編、人員削減、固定費削減などが含まれていた。同計画の推進過程で、不採算部門の子会社の廃止、中核企業による部品・資材などの一括調達、グループの全企業で賃金の15％削減、ボーナス削減（年間2か月へ）、人員削減が行われた。

同社の労働組合委員長によれば、「会社が大改革をするときに労働組合が変化しなくていいわけがない」と語り、本格的な企業グループ経営の強化に対応するために企業グループレベルで一つの労働組合をつくるといった「単一労組化」の方針を初めて打ち出した。これにしたがい２００４年12月、ケンウッドグループユニオン（以下、「Ｋグループユニオン」）が結成されて、既存の８つの労組は同ユニオンの総支部と化した。

それに基づき、Ｋグループユニオンの具体的な活動としては、①春季交渉におけるグループ統一交渉の実現、②グループ横断的な基本的労働条件の整備、③グループ内未組織企業の労働者の組織化の促進、④その他グループ横断的な取り組みという4つの活動を推し進めることにした。特に、同社グループレベルの労使コミュニケーション（情報提供・事前協議）は、Ｋグループユニオンとグループ親会社（中核企業）の社長及び子会社の社長の間で行われる。春闘時に、会社側は主に中核企業の社長が対応するが、回答を決める節目の交渉には、子会社の社長も参加する。子会社の再編問題も事実上、グループレベルの団交や中央労使協議会で協議・決定されることになった。その結果、次のような効果がみられた。

第一に、グループレベルの労使コミュニケーションがグループ経営全体最適化（ポートフォリオ）への下支えとなった。つまり、「グループ労使協議会」がグループレベルでの雇用確保、効率的な事業運営、グループ経営への最適な子会社の位置づけと運営などに寄与し、会社の壁を越えて展開されるグループ経営を下支えしたのである。

第二に、人員削減下の雇用保障である。生産拠点の海外移転が急速に進められる中、国内工場（子会社）の存在が危うくなった。子会社の組合支部長は、Kグループユニオンの委員長と一緒にグループ本社の社長に会い、子会社の生き残りにつながる改革（多能工化、生産技術センターへの転換など）を提言した。その結果、同子会社の従業員・組合員（130人）の雇用が守られた。

第三に、労働条件の安定化と格差拡大の阻止・是正である。春闘での賃金決定がグループレベルで決定するので、従来、個社の業績に大きく左右される労働条件がより安定化されるとともに、賃金引上げ額が一律に適用されるので、親会社と子会社との賃金格差が中長期的に解消していくことになった。

第四には、非正規労働者の組織化と処遇改善である。単一労組化前に、ある子会社の組合が会社側と「有期契約社員ユニオンショップ協定」を締結していたが、単一労組化の後、Kグループユニオンが親会社と同様の協定を締結、すべての子会社に適用させた。そして企業内最賃の引き上げを行い、非正規労働者の処遇改善を図った。

このようなグループレベルの単一労組化とグループレベルの労使コミュニケーションの進展に伴い、グループレベルの収益力が向上したと報道されている。

日本ハムやケンウッドの事例で分かるように、企業グループの労使コミュニケーションの拡大強化は、経営危機をチャンスに生かすための労働組合運動によるところが大きい。すなわち、労働組合自体の戦略的な運動に向けた決断と実行力が極めて重要である。労働組合の組織化運動により、子会社及び企業グループレベルでの労使関係の対等性の構築が必然なのだ。

また、企業グループ経営のガバナンス強化に伴い、子会社の団体交渉が自主的に行われているのかを検証し、親会社の使用者性が認められれば、それに相応しい責任を負うようにしなければならない。さらに、使用者性の解釈拡大や法律改正の必要性があるのかも検証すべきである。要するに、企業グループレベルでの経営資源（ヒト・カネ・モノ・情報など）の効率利用に向けて、個社の壁を超えてグループ（親会社）との一体性を高めることが大切であり、それに向けて労使コミュニケーションの構築を図らなければなるまい。それには、当然のことながら、非正規労働者を含めるべきである。

今日、我が国の労働組合組織率の低水準を踏まえて、無組合企業や企業グループレベルにも労使コミュニケーションの活性化に向けた政策対応、労働者代表制の法制化が強く求められている。これによって、増大する企業グループでの経済民主主義、ガバナンス強化をはかる労働組合の使命・役割がある。

これについて、連合の主要産別である運輸労連書記長の小畑明氏は、「集団的労使関係の確立に労働者代表制は有効な手段と考える。日本における実質的な共同決定法案である労使経営協議会法案（経営民主ネットワーク）は、ハードルが高いとしても、そこに近づくための手法として労働者代表制の活用がある」と賛同している。

労使経営協議会法第二次改訂案について

そこで、経営民主ネットワークが2019年8月開催の第4回労使経営協議会法第二次改訂案検討委員会（主査・高木雄郷事務局長）でまとめた「労使経営協議会法」（第二次改訂案）を概説したい。

この法案の目的は、第一にCSR（企業の社会的責任）確立のため、民主的権利としての労働者のコーポレートガバナンス（企業統治）への参加、すなわち労働者の経営参画権を法的保障し、労働者の情報入手権、協議権、決定参加権を定める。要するに、企業の不祥事やリストラを防ぐコーポレートガバナンス強化には、労働者の経営参画、労使協議（同意約款）と情報公開が重要である。

この意味で、労働者の経営への参加によるコーポレートガバナンスの強化と制度化は、雇用労働者の大半が働いている日本の中小企業の経営民主化と経営革新を促進する非常に強力な手段になる。特に、この法案の特徴は、労働者の取締役を管理する新しいシステムとグループ労使協議会の法律を導入したこと。例えば法人である事業体では、労働者によって任命された人を取締役に加える必要がある。

また、企業（グループ）経営の持続可能な開発、職場におけるディーセントワーク（安心・働きがいのある人間らしい労働）を実現することによって、労働者の福祉増進や企業の健全性の確保・発展と民主化を図るとともに、国民経済全般、国際社会に寄与することを目指すものである。

そして、この法律は、人間尊重と参加民主主義の理念に立ち、この法律に規定する事業体、民間部門・公的部門に適用される。対象は営利部門、非営利部門を問わない。中小・未組織労働者や派遣・非正規労働者等も、この法律の適用を受ける。

この法律の適用範囲は、労働基準法の適用されるすべての事業体のうち、常時10人以上の労働者を雇用する事業体とする。ただし、労働組合を有する事業体は、労働者数に限定されず、この法律の適用を受ける。

特に、２０１５年12月にまとめた労使経営協議会法改訂案と違い、この法案は、新規に欧州労連の提起した「労働者代表重役制」（エスカレーター基準）を拡大導入したのが最大特徴だ。

労使経営協議会法第二次改訂案の主なポイント（要旨）は、次のとおりである。

① 事業体は、労使同数で構成される「労使経営協議会（Works Council）」の設置義務（全従業員が選出する労働者代表委員会の設立も同じ）がある。

- 経営協議会労働者側委員の選出方法については、過半数労働組合がある場合、その当該労働組合に委ねられる。

- その事業体に非組合員（未組織労働者）がいるときは「比例配分方式」で選出される。ただし、完全な無組合の事業体でない限り、労働組合から最低1名の労働者側委員を優先選出する。
- 労働組合がない場合は、その事業体の全労働者による投票で労働者側委員を選出。その委員選挙は、経営民主センターや産別・地方労働組合が協力する。

② 親会社と直接・間接子会社の連結決算関係にあるグループ企業においては、労働者側の要求により、「グループ事業体別経営協議会」を設置する。

③ 使用者は、労働者代表委員会に対して、経営計画（総合経営戦略を含む）や予算、人事・雇用政策、財務情報などの経営情報及び非財務情報を提供する義務がある。

④ 前記の経営情報等を基に事前協議・決定権が（中央）労使経営協議会に付与される。

- 過半数労働組合（複数組合可）がある場合、（協議で合意出来ないときは）共同決定（交渉）権を有する。
- この主なる共同決定事項は、「M＆A（合併・買収）、企業分割、工場閉鎖・移転等の企業再編」や「新技術・機械（AI・IoT）の導入に伴うリストラ・合理化計画」「生産、販売・サービス制度の変更」などの雇用計画に関わる経営変更に際して、交渉権を持つ。
- 労使経営協議会で3か月間協議を尽くし、交渉しても一致しない場合、「経営協議調停局」に調停申請。ただし、過半数組合（同）がない場合は協議のみで打ち切られる。

⑤ 株式会社たる事業体（従業員50人以上企業）では、労働者が選出した者を監査役会に加えねばな

らない。その監査役選出については、経営協議会労働者側委員の指名する者が株主総会の議決によって選任され、労働者代表として監査役会に複数（2名以上）参加する。

⑥ 株式会社たる事業体（連結決算のグループ企業を含む）では、労働者が選任した者を取締役会に加えねばならない。

- 取締役選出については、労働組合の指名、推薦する者が全労働者集会の議決によって任命され、労働者代表として、取締役会に3分の1（従業員100人以上の企業及びグループ企業体）または2分の1（従業員1000人以上の企業及びグループ企業体）参加する。
- 労働者代表取締役は、非常勤・無報酬、かつ団体交渉には参加することができない。会議参加費や職務を遂行するのに必要な経費は企業が負担する。
- 労働組合の企業経営への決定参加権は、経済的責任を負わない。すなわち労働者（組合）が全労働者集会の議決（同意）を得て、提起し、労使合意して実行された経営施策に対して、最終的な経営責任は所有権が前提となる経営権を持つ株主代表の取締役（使用者）側が負う。

⑦ 従業員1000人以上の企業及びグループ企業の取締役会で、労使同数の票決で決まらない場合、労使の共同選出した中立委員が最終決定権を持つ。

連合の労働者代表法案の課題

連合は、２００１年に労働者代表法案の要綱骨子（案）を発表し、２００６年には補強案を確認して、現在国会上程のための法案作成準備中とされる。[注3] そこでの本議論展開のために、これまでの連合の「労働者代表法案要綱骨子（案）」（２００６年）の修正・見直し点を提起する。

連合は、日本の労働者代表制の骨格について、①社員の過半数で組織する労働組合のない企業（従業員10人以上）に「労働者代表委員会」を作る、②労働者代表委員会が法定の範囲内で使用者側と（たとえば三六協定等の）労使協定を結ぶ、を法制化するよう求めている。

まず①に関しては、従業員10人以下の（官民）企業であっても、労組を有する企業では、労働者代表委員会を設置できるものとする。また、労働者代表委員の選出・構成に当たっては、当該企業（事業体）におけるすべての従業員（派遣社員や非正規労働者、プラットフォーム労働者などを含む）の意見を反映できるよう留意する仕組みを整備する。

さらに、経済のグローバル化に伴って、「グループ企業（連結決算事業体）別労使協議会」を、ＥＷＣ方式（労働者側の申し出制）で設置しなければならない。つまり、「日本版ＥＷＣ」（欧州労使協議会）制度を導入することが肝要なのだ。

この規定内容については、日立グループ連合やＪＰ労組、日本ハム労組等が行っている経営懇談会（協議会）を格上げし、ＥＷＣ方式に倣って、「グループ労使経営協議会」（グループ事業体別経営協議会）を法制化することが重要だ。これによって、企業グループ間の適切な情報提供と協議プロセスを確立。グループ会社の雇用問題（リストラ）・労働環境に関わるグループ経営戦略策定であるＭ＆Ａ

（合併・買収）等による企業の組織変更・再編や新工場の閉鎖・移転・設立及びグループＩＴ企画、職業訓練教育などのグループガバナンス重大事項について、「事前協議」を義務づける（労使経営協議会法改訂案第25条）。

このため、②の労働者代表委員会（含グループ別）の権限については、単に現行の従業員過半数代表者の役割であるワークルールの法定基準（１１２規定）の施行だけでなく、前述した雇用問題や労働環境に関わる経営戦略（雇用管理計画）、いわゆる企業の組織変更・再編や、新工場（事務所）設立・移転、工場閉鎖及び新技術・機械（ＡＩ・ＩｏＴ）の導入、生産・販売・サービス制度の変更、継続的職業訓練教育などについて、労働者代表制（委員会）導入後、次年度以降から情報提供と事前協議権を有するガバナンス機能を加える必要性がある。

この場合、労働代表委員会の構成員が過半数労働組合（複数組合可）で占められているときは、その事前協議事項においての「共同決定（交渉）権」を有する。換言すれば、当該企業において、単一の過半数組合が成立した場合は、労働者代表委員会は解散せず、法定の従業員過半数代表者の権限のみを過半数労働組合に移転すればよいのである。

無論、労働者代表委員会の機能に、賃金・労働条件の改定、変更などの労働組合の団体交渉（労働協約）事項を追加することはできなく、逆に労働組合は、この労働者代表制組織を通じて、企業グループ内の未組織労働者との連携を図り、組合加入・組織化の契機にすべきであろう。

２点目は、日本における労働者代表制の中期目標だが、企業（グループ）ガバナンス強化や経営民主化のための経営中枢（取締役会）への労働者（組合）の参画である。従業員100人以上企業で、ドイツ・北欧並みの「労働者代表重役制度」を法制化しなければならない。

以上、日本のあるべき労働者代表制（＝労使経営協議会）法案の目的・要旨を論じた。この法案は、ILOが提唱する社会正義の拡大とディーセントワークの実現、ISO26000の確立の上で制定することが必須条件だ。また、いま論争となっている社会的経済格差や分配の不平等を是正するためにも、日本経済を健全かつ安定に運営するためにも、労働者の利益と社会的権利を護る労働者経営参画の新たな法制度が重要である。

経営民主ネットワークでは、その視点から、2019年10月4日、連合に対して「労使経営協議会法」（第二次改訂案）の制定推進を要請した。そして、現在、法政大学大学院に開校されている連合大学院の教科コースに、経営民主ネットワークが2017年春に創設した「コーポレートガバナンス労働教育講座」を導入するよう求めた。要するに、労働者の企業経営に対等に渡り合える能力の陶冶、経営民主化教育の一環である。

日本の労働社会運動の未来・活性化にとって、「共同決定制」いわゆる「（グループ）労使経営協議会」と「労働者代表取締役・監査役制度」の法制化は、これからのデジタル新時代に対応する人間主体の働き方や労働者（ステークホルダー）重視の企業統治法制改革、組織拡大強化の有効手段になることは間違いない。

注

（1）狩谷道生「企業再編と労働者代表制の導入」（経営民主主義第76号、２０２１年）参照。

（2）呉学殊「企業グループの労使コミュニケーションと課題」（経営民主主義第77号、２０２１年）参照。

（3）連合は、２０２１年８月26日に開催した第23回中央執行委員会で「労働者代表法案要綱骨子（案）」の見直しについて、機関決定した。それによると、本案１の「民主的な運営や使用者との対等性を確保する枠組みを法的に確保する」の新設や、同４「会社が親会社と子会社の関係にある場合、各事業所（体）につき共通の事項に関しては、各事業場の労働者代表委員会から選出された中央労働者代表委員で、中央（グループ企業）労働者代表委員会を設置することができる」等以外は、目立った修正ポイントはなかった。そして、また焦点となっている労働者代表委員会の選出人数や権限拡張に関しては、現行の法定基準を解除する労使協定のみならず、人事や事業（企業組織）再編などに関する事項の協議等の権能付加について、今後の議論に委ねることにしたという。

第Ⅱ部　日本におけるコーポレートガバナンスのあり方

第2章　全国一律最低賃金制度の確立に向けて

——働きがいのある職場づくりを

もう一つの日本における「経済民主主義」革命に向けての核心になる労働政策は、「全国一律最低賃金制度」の制定である。第Ⅰ部第４章のはじめに記述したＥＵの新たな最賃枠組み指令案にみられるように、大胆な国民経済の所得格差の是正の観点から、法定最賃決定の新基準（しきい値）を設定することが急務なわけだ。

この方向性として、筆者は、欧州労連が求めているＥＵ最賃枠組み指令の改訂案を評価したい。

ちなみに、ＩＬＯの「グローバル賃金報告書」（2020/21: Covid-19 時代の賃金と最低賃金）によれば、世界（１３６か国）の総賃金は Covid-19 危機の影響で、２０２０年第２四半期までに６・５％喪失したとされる。特に各国とも男女間の格差が激しく、雇用補助金の支払いがなければ男性の５・４％減に対して、スキルの低い女性労働者の賃金は８・１％削減されたと分析している。

また、コロナ危機〈パンデミック〉は、とりわけ低賃金の労働者にしわ寄せを与えたとし、最低賃金で働く50％の労働者は推定17・３％に上る賃金を失い不平等が拡大したと問題提起している。今回ＩＬＯ報告書は世界中の最低賃金制度を大胆に見直し、最低賃金が不平等を減らすことができる条件を特定して、公正な最低賃金（法定または交渉）を設定することにより、コロナ危機からの「人間中心の回復」に重要な役割を果たすことを強調している。その意味で、欧米先進国に較べて低い日本の法定最低賃金（額）が２０２１年７月、新たに時給９３０円に上乗せされたが、まだまだ上昇額が低水準であり、制度自体の変革が望まれる。

例えば、英国低賃金委員会の新目標方式に倣って、全国フルタイム（正規）労働者の時間給中央値の３分の２にまで引き上げることが必要である。これにより、我が国の全国一律生活最低賃金は「時給１４００円」以上となり、労働生産性向上のインセンティブになることも確実である。

日本生産性本部によれば、「生産性向上（increased productivity）」とは、何らかの施策を実行し、生み出す成果の割合を増やすか、投入する資源量を減少させるかして、相対的に組織（企業）の生産性を高める取り組みである。この生産性向上の基本は、①無駄な時間をカットし、必要業務のための時間を確保する、②一定時間（期間）内にできる業務の量、質を高めることの２点である。この２つの基本に沿って、生産性向上を実現するための方策として、（１）仕事の業務内容を明確にする「見える化」、（２）力を入れる業務（コア業務）への投資、（３）個人単位のスキルアップと、出来る社員のノウハウの共有化、（４）無駄な業務の洗い出しと業務のスリム化、代替え化、（５）実際に働く人間のモチベーション（仕事のヤル気）、（６）上司と社員同士の信頼関係の構築、（７）ＩＴ技術の積極活用、等が示されている。

中でも、（５）と（６）の従業員の働きやすさや働きがい、ワーク・エンゲージメントにつながる労使コミュニケーションの促進は「社員が生き生きと働く職場（組織）づくりの鍵だ」と言われている。生産性の向上や企業価値を高めるうえで効果があり、アップル、ナイキなど世界の成長企業が重要視している労働政策でもある。

労働生産性の低さが低賃金に比例へ

日本の賃金は、過去30年間、ほぼ横ばい状態に置かれている。そのため、上昇を続ける他のG7国に較べても低水準だ。実際、2019年調査のOECD統計調査データをみると、日本の労働者の賃金（平均所得）は4万384ドル（441万6394円）でOECD35か国中20番目の水準である。米国の6万5836ドル（719万9824円）、ドイツの4万7490ドル（519万3506円）、英国の4万7424ドル（518万6288円）などと比較すると大きく差をつけられていることが分かる。フランスの4万3771ドル（478万6796円）に次いでG7の中では6番目、OECDの平均値である4万1457ドル（453万3737円）にも達しないレベルとなっている。

この一因に、**図5－3**に示したように、労働生産性の低さが比例していることが挙げられる。リーマン・ショック後の2013年以降、日本の労働生産性は上昇基調が続いている。しかしながら、国際的にみると、日本の労働生産性は主要先進国に較べれば、必ずしも高い水準にあるとは言えない。日本の就業一時間当たりの労働生産性は、46・8ドル（4744円、2018年）で、OECD加盟国21位に当たる水準である。これは、50ドル台で並ぶイタリア（57・9ドル）やカナダ（54・8ドル）をやや下回る。

アジア諸国では、中国をはじめ新興諸国で労働生産性が急速に上昇しており、シンガポールのよう

図5−3　一人時間当たり労働生産性の国際比較

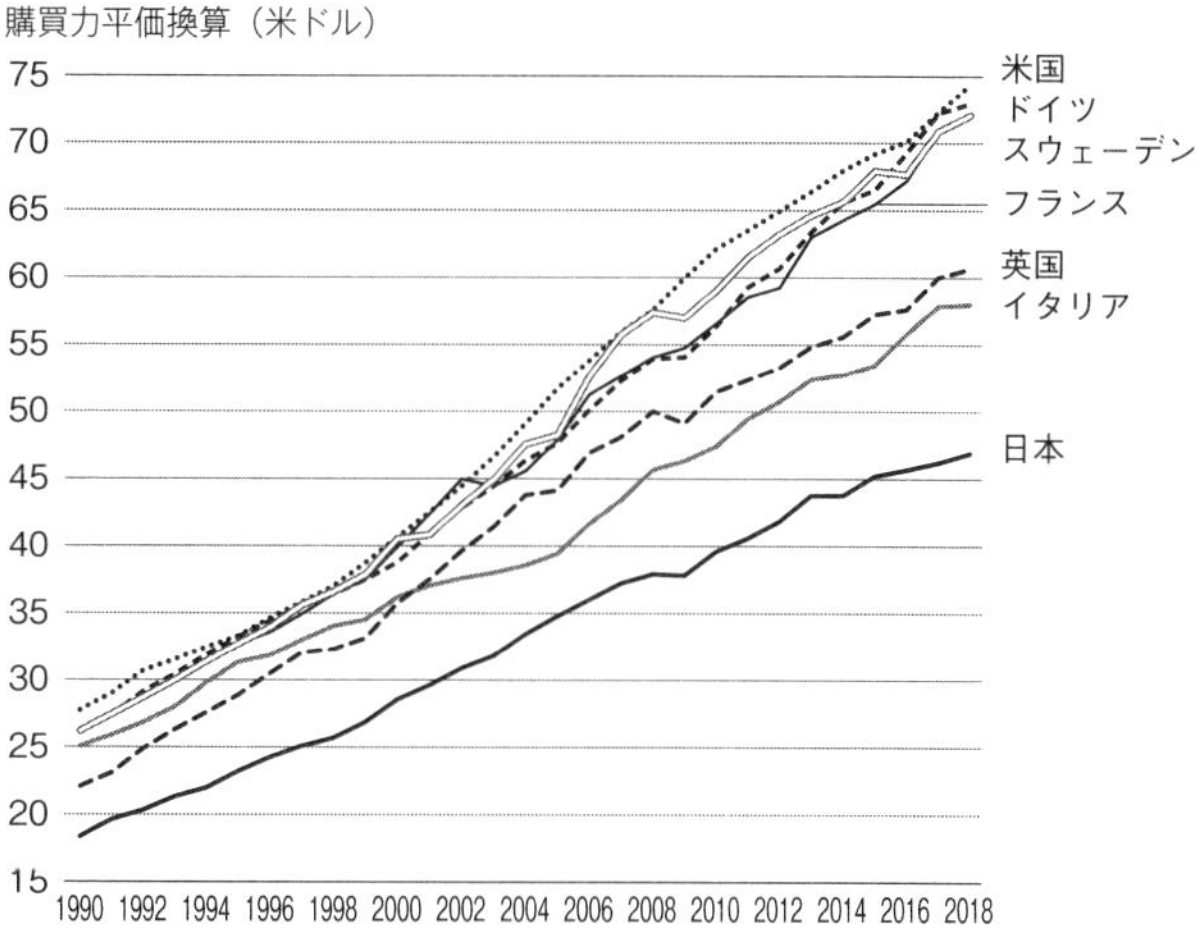

出所：日本生産性本部「労働生産性の国際比較2019」。OECD.statを基に日本生産性本部作成。

に日本を上回る生産性水準を実現する国も現れるようになった。就業者一人当たりでみた労働生産性でみると、日本（8万2734ドル、2018年）の2倍近いシンガポール（17万5810ドル）を筆頭に、タイ（3万4025ドル）や中国（3万3759ドル）も日本の4割程度にまで上昇している。2000年の段階では日本の10％しかなかった中国の労働生産性はその後も急激な上昇が続いており、2018年にはタイにほぼ並ぶまでになっている。

こうした状況を踏まえて、日本の1・5倍以上の労働生産性を実現して経済的豊かさを享受する米国やドイツ、スウェーデン（労働者の平均所得4万6345ドル＝506万8289円）では、どのような生産性向上に向けた取り組みが行われているのか。例えば、米国の労働生産性はG7の中で最も高く、74・7ドル（2018年）と日本の1・

6倍の水準になっているが、これは自由な競争環境の下で、デジタル化された経済や社会の基盤となるサービスの多くを米国企業が担うようになっており、それが米国経済を牽引するようになっていることが影響している。

また、スウェーデンの場合も、時間当たり労働生産性は72ドルと極めて高い水準にある。同国では、第3章で論じたとおり、労働者を保護する独自の労働政策を取っている。ドイツと同様、「職場における団体交渉による共同決定法」（1977年）に沿って、生産性向上と賃金改善を合理的に連動させるような仕組みをとっており、日本にとって参考になろう。

補章　「労使経営協議会法」第二次改訂案

趣旨

経営民主ネットワークは、２０１９年８月23日の第１０２回理事会で、「労使経営協議会法」の第二次改訂案を正式に承認した。これは、２０１９年８月８日開催の第４回労使経営協議会法第二次改訂案検討委員会（主査・高木雄郷事務局長）において取りまとめたものである。

この法案は、事業（産業・企業）の社会的責任と持続可能な開発目標（ＳＤＧｓ）、職場におけるディーセントワーク（安心・働きがいのある人間らしい労働）の実現、労働者のコーポレートガバナンス（企業統治）への参加の確立。即ち、企業経営における労働者の情報権・協議権・決定参加権を法制化することによって、労働者の福祉増進や企業の健全性の確保・発展と民主化を図るとともに、国民経済全般、国際社会に寄与することを目的としている。

特に、２０１５年に作成した労使経営協議会法改訂案と違って、この法案は労使経営協議会制だけでなく、企業経営の実質的最高意思決定機関である取締役会への労働者代表（組合）参加の新制度を条文に織り込んだことが特徴だ。

具体的には、株式会社たる事業体（連結決算のグループ企業体を含む）では、労働者が選任した者を取締役会に加えねばならない。その取締役選出については、労働組合の指名、推薦する者が全労働者集会の議決によって任命され、労働者代表として、取締役会に３分の１（従業員１００人以上の企業及

び グループ企業体）または2分の1（従業員1000人以上の企業及びグループ企業体）参加する仕組みをとる。

本法改訂案はＩＬＯが提唱する社会正義の拡大とディーセントワーク（安心・働きがいのある労働）の実現、ＩＳＯ26000の確立の上で制定することが必須条件だ。また、社会的格差や分配の不平等を是正するためにも、日本経済を健全かつ安定に運営するためにも、労働者の利益と民主的権利を保持する労働者経営参画の新たな法制度が必要である。経営民主ネットワークでは、その視点から、連合が現在「新連合ビジョン」に示している労働者代表法案や従業員代表監査役制度と並んで、労使経営協議会制と労働者代表取締役制度の法制化を実現していく「経済民主主義」運動を推し進めていきたい。

「労使経営協議会法」第二次改訂案

前　文

本法は、産業民主主義、経営民主主義を実現するために基本となる法律である。

本法は、事業（産業・企業）の社会的責任と持続可能な開発、職場におけるディーセントワーク（安心・働きがいのある人間らしい労働）の実現、民主的権利としての労働者のコーポレートガバナンス（企業統治）への参加の確立。即ち、企業経営における労働者の情報権・協議権・決定参加権を法制化することによって、労働者の福祉増進や企業の健全性の確保・発展と民主化を図るとともに、国民経済全般、国際社会に寄与することを目指すものである。

第1章　総則

（目的）

第1条　この法律の目的は、労働者の健康で文化的な生活を保障し、そして事業を円滑に進めるために、労働者に対し、労働基本権に基づいて事業体が行う事業の運営と管理に参加する権利を保障することにある。

（法律の適用と範囲）

第2条　この法律は、人間尊重と参加民主主義の理念に立ち、この法律に規定する事業体、民間部門・公的部門に適用される。対象は営利部門、非営利部門を問わない。中小・未組織労働者や派遣・非正規労働者等も、この法律の適用を受ける。
この法律の適用範囲は、労働基準法の適用されるすべての事業体のうち、常時10人以上の労働者を雇用する事業体とする。ただし、労働組合を有する事業体は、労働者数に限定されず、この法律の適用を受ける。

（他の法律との関係）
第3条　本法とは異なる規定が労働者に関係する法律で定められているときは、本法で別段の定めがない限り、当該法律の規定が適用される。

（労働協約との関係）
第4条　本法に規定した事項と同じ事項が労働協約で定められているときは、労働協約の規定を適用する。ただし、労働協約が本法の定めに反する場合、この限りでない。

第2章　経営協議会

（経営協議会の設置）
第5条　この法律の目的を達成するために、事業体において労働者代表と使用者代表は自らによって構成される経営協議会（以下「協議会」という）を設置しなければならない。以下、労働者代表を労働者委員、使用者代表を使用者委員という。

事業所がいくつかの地域・部門に分かれるときは、中央協議会と地域・部門にかかわる個別協議会が置かれるものとし、その個別協議会の設置の在り方については労使の協議による。

また、親会社と直接・間接子会社の連結決算関係にあるグループ企業においては、労働者側の要求により、本法第25条に規定されるグループ事業体別経営協議会を設置することとする。

（構成）

第6条　いずれの協議会においても、委員の数は労使同数とし、その数は労使の協議による。ただし、労働者委員または使用者委員が必要と認め、他の側の委員がこれを了承した場合には、委員以外の者の出席を求め、その意見を聞くことができる。

（労働者委員の選出・組合のある場合）

第7条　労働者委員の選出に当たっては、その事業体におけるすべての労働者の意見を反映できるよう留意しなければならない。選出にあたっての選挙区は、一つの協議会について一つの選挙区とする。

1　その事業体において、使用者と労働協約を締結している労働組合が一つであるときは、その労働組合員数が全労働者数の過半数を有するときは協議会の労働者委員の選出方法については、その当該労働組合に委ねられる。

2　一つの事業体内に使用者と労働協約を締結している2つ以上の労働組合があり、その労働組合員数の合計が全労働者数の過半数を有するときはその労働組合員の数に応じて、労働者委員の数を比例配分し、各組合毎に労働者委員を選出するものとする。

3　その事業体において、非組合員（未組織労働者）がいるときは、その労働者委員の選出は、前項と同様、比例配分方式による。

ただし、完全な無組合の事業体でない限り、労働組合から最低1名の労働者委員を優先的に選出しなければならない。

4　比例配分の式は、次による。

（A組合の得る委員定数）A組合の組合員数：A組合の得る委員定数（×）＝全労働者数：労働者委員定数

（組合のない場合）

第8条　その事業体に労働協約を締結している労働組合がないときは、その事業体の労働者による投票によって経営協議会の労働者委員を選出する。その場合は、その投票の組織化に当たっては、産別・地方労働組織や本法第10章に規定される経営民主センターが協力する。

（使用者委員の選出）

第9条　使用者委員の選出は、その事業体の使用者に委ねられている。

（任期）

第10条　経営協議会委員の任期は原則として、2年とする。

（届出義務）
第11条　法施行後、協議会委員の選出が終われば、そのリストを含む組織と運営に関する経営協議会の協定（書）を経営協議調停局に3ヵ月以内に提出しなければならない。

第3章　情報権

（情報開示）
第12条　使用者は、次の各号の事項について協議会に常に情報を与えねばならない。情報は、必ず文書（電子媒体を含む）をもって提供されねばならない。
1　その事業活動の現況
2　その事業活動に係る中長期の経営計画（総合経営戦略を含む）、年次計画・予算
3　当面する人事・雇用政策のガイドライン
4　職場の安全、健康保持、労働教育など事業所における労働環境に関して重大な影響を与えると思われる計画とその変更
5　年次決算、中間決算等の財務諸表及びそのもととなる会計帳簿
6　その他、労働者側からの情報開示が求められ、使用者側でそれに同意した事項

（関係事項）
第13条　経営協議会において労働者委員から要求された場合、使用者側は前条により提供された情報

についての理解に必要とみられる事項についての資料を提供しなければならない。

（秘匿義務）
第14条　経営協議会の委員は会議で知り得た「機密」を漏らしてはならない。ただし、機密（情報秘匿義務）の範囲は会議毎に定める。

第4章　協議権

（事前協議権）

第15条　使用者は、次の各号事項にかかわる決定を実施する前に、必ず協議会にその該当案を提出し、労働者委員の意見を求め、協議・決定しなければならない。

この場合、協議会の労働者側委員が過半数労働組合（複数組合可）で占められているときは「共同決定（交渉）権」を有する。そうでないときには、情報提供と協議権だけを持つ。
1　事業体および事業所組織にかかわる計画及びその重大なる変更
2　事業体および事業所における労働編成に係る計画及びその重大なる変更
3　その他、事業体及び事業所内における労働環境に関して重大な影響を与えると思われる計画とその変更
4　公益通報制度など「労働者保護法」に係る制度整備

第15条の2　経営協議会は2ヵ月毎に定期的に会議を開催しなければならない。

②経営協議会は必要に応じて臨時会議を開催することができる。

第5章　協議事項の処理

（意見尊重の義務）

第16条　協議会で労働者委員の一致した意見が表明され、その内容が使用者側の当初の決定案と異なる場合、使用者は、その労働者側の意見を検討し、その意見に沿う方向での決定案を作成し、再度、協議会に提出しなければならない。3ヵ月を限度として、両者の意見が一致するまで、この協議を継続しなければならない。この間、使用者側の決定案は実施されてはならない。

（調停の依頼）

第17条　3ヵ月を経て、両者の意見が一致しない場合、使用者側の当該決定案は白紙撤回される。ただし、共同決定権（同意約款ならびに経営協議会協定）を締結していない経営措置に関しては、その旨及び賛否の意見を議事録に記載して協議を打ち切ることができる。

労使が合意しなかった共同決定事項に関する経営問題については、労使双方が新たな代替案を持ち寄り、再協議を行う。それでも調停がつかないときは労使の合意または一方の当事者の依頼により、第9章に定める経営協議会調停局に調停を委ねることができる。この場合、両者は当局からの調停案（仲裁）を受け入れる義務を有する。

（提訴）

第18条　上記の規定にかかわらず、使用者側が労働者の意見に反した決定や手続きを実施しようとしていると、労働者委員はそのことを経営協議調停局に提訴することができる。
経営協議調停局は、両者の代表を招集して協議させる。この間、決定の実施は延期されねばならない。

（緊急的な労働停止）
第19条　第16条に係る協議において、協議事項が第15条2項にかかわり、かつ労働の安全衛生の確保に関して緊急の状況を含むもとで、使用者側がこの法の規定に反して、その決定案を一方的に実施する事態を、労働者側委員が選出した労働者組織は経営協議調停局と協議のうえ、関係する作業についての労働を停止させることができる。

（協議事項の追加）
第20条　労働者委員の求めにより、第15条の経営協議会における事前協議事項について、その他の項を加えることができる。
ただし、賃金・労働条件の変更などの労働組合の団体交渉（労働協約）事項を経営協議会協議事項に加えてはならない。
追加事項に係る協議については、第16条、17条の規定は適用されない。

（協定の締結）
第21条　第12条から第15条にいたる事項及び第21条について、労使双方で協議し決定した詳細について「経営協議会協定（仮称）」を締結し、これを経営協議調停局に届け出ねばならない。本法の趣旨に背かない限り、労使双方の意見の一致した事項を協定書に盛り込むことを妨げない。労働者側に、労働組合が未組織や、過半数労働組合のない場合にも選出された労働者委員と使用者委員との間で協議決定した内容（協定書）を経営協議調停局に届け出なければならない。

第6章　労務担当役員の解任、監査役及び労働者代表取締役の選出

（労務担当役員またはそれに当たる者の解任）

第22条　労務（人事）担当役員またはそれに当たる者が経営協議会の趣旨に著しく反する行為に出たと労働者委員が判断した場合には、労働者委員の申し出により、労務担当役員またはそれに当たる者の解任に係る「労働者投票」を実施できる。投票が実施されて、労務担当またはそれに当たるものの解任を求める票数が有権者総数の三分の二を超えたときは、使用者側は、労務担当役員またはそれに当たる者の解任を行わなければならない。

（監査役・労働者代表取締役の選出）

第23条　株式会社たる事業体では、労働者が選出した者を監査役会に加えねばならない。監査役選出については、経営協議会労働者委員の指名する者が株主総会の議決によって選任され、労働者代表として監査役会に複数（2名以上）参加する形式をとる。

このため、労働者選出監査役はその事業体（従業員50人以上企業）において、労働者（組合）

の経営に対するチェック機能の発揮の目的から設置されるものであって、そのことを除けば、他の監査役といかなる意味においても、同等の権限を持たねばならない。

同条第1項の規定は、公的部門にも適用され、労働者側から監査委員（非常勤）を選出するものとする。

第23条の2　株式会社たる事業体（連結決算のグループ企業を含む）では、労働者が選任した者を取締役会に加えねばならない。取締役選出については、労働組合の指名、推薦する者が全労働者集会の議決によって任命され、労働者代表として、取締役会に3分の1（従業員100人以上企業・グループ企業）または2分の1（従業員1000人以上企業・グループ企業）参加する形式をとる。

このため、労働者代表取締役はその事業体において、企業統治（経営に対する監視・監督）並びに産業民主主義、経営民主主義の目的から設置されるものであって、そのことを除けば、他の取締役と同等の権限を持たねばならない。

なお、労働者代表取締役の任期は2年間である。

第23条の3　従業員1000人以上企業（グループ企業）の取締役会で、労使同数の票決で決まらない場合、労使の共同選出した中立委員が最終決定権をもつ。

第7章　産業別労使会議

（産業別労使会議）

第24条　第12条、15条にかかわる問題で当該産業部門（業種）において共通した問題の場合、また、その産業部門内の事業体相互間において調整の必要がある問題の場合、当該産業部門の経営協議会を有する労働組合（団体）から、その産業部門における労使会議の必要があった場合には、その産業部門における産業別（業種）労使会議を開くこととする。

産業別労使会議は、当該産業（業種）部門における使用者団体、産業別労働組合団体によって組織される。

また、産業別労使会議にある地域の規模において、それぞれの当該団体によって組織することもできる。

第8章　グループ事業体別経営協議会

（グループ事業体別経営協議会）

第25条　民間部門の場合のグループ企業、すなわち同一資本系列ならびに金融取引関連で、親会社（本社）と直接・間接子会社（孫会社）の連結決算関係にある当該労使間において、経営協議の必要がある場合には、グループ企業別経営協議会を設置、開催することとする。

また、公的部門においても、特殊（公益）法人や第3セクター等とこれらの傘下事業所（体）の当該労使間において、経営協議の必要がある場合には、公的関連事業体グループ別経営協議会を開くこととする。

これらのグループ事業体別経営協議会は、当該グループの労働者側から要求がある場合に、随時開催することとし、たとえば親会社（本社）の使用者代表と親・子会社（孫会社）の労働者代表（組合）などによって組織される。

第9章　経営協議調停局

（経営協議調停局の設置）

第26条　主務官庁に中央経営協議調停局を、各都道府県に都道府県経営協議調停局を設置する。

第26条の2　経営協議調停局は、第15条の事前協議事項において、意見が対立して決定に至らない場合には、労使の合意または一方の当事者の要請に基づき、調停を行う権限を有する。

②経営協議調停局は、労働者委員又は使用者委員が本法に違反した場合、司法への提訴機関となる。

第10章　経営民主センター

（経営民主センター）

第27条　本法の実施を円滑ならしめるために、「監視・監督機関」としての経営民主センターを設置する。また、各都道府県には、各都道府県・経営民主センターを置く。

（経営民主センターの組織）

第28条　経営民主センターは経営協議調停局、労働組合団体の各ナショナルセンター、使用者団体の全国組織の合議によって運営される「独立の法人」であり、その組織については、別に定める。

（経営民主センターの職務）

第29条　経営民主センター及び各都道府県経営民主センターは主として、次に掲げる各号の事業を行う。

1　本法及び経営協議会活動に係る調停研究と普及、教育活動

2　本法及び経営協議会活動に係る各種の相談、調査、監督

3　経営協議会に係る支援

4　労働組合の組織されていない事業体における労働者委員の選出についての協力と事務

なお、この第4号の職務に関しては、経営民主センターはその事業所の属する産業の労働組合の全国組織・府県組織と合議し協力して進めねばならない。経営民主センターが妥当と認めたときは、この職務をその事業所の属する産業の労働組合の全国組織・府県組織に委任することができる。

第11章　罰則

（罰則規定）

第30条　使用者または労働者側が正当な理由なく第5条の規定による協議会の設置を拒否・妨害した

り、第21条の規定による経営協議会協定及び第17条の調停決定を正当な事由なく履行しない場合には、懲役1年以下または2千万円以下の罰金の処罰を受ける。

第30条の2　使用者が第15条2項の規定を履行しなかったり、第12条および第13条の規定による資料提出義務を履行しなかったときには1千万円以下の罰金の処罰を受ける。

第12章　附則

（第23条関連・決定参加権に関する標準規則）

第31条　労働組合は、事業体（連結決算のグループ企業を構成する事業体を含む）の労働者の数に比例して、取締役会の議席の配分を決定する。労働組合によって、指名または推薦された事業体の取締役は、株主を代表する取締役と同じ権利を有し、義務を負う。

ただし、労働者代表取締役は、非常勤・無報酬。会議参加費や職務を遂行するのに必要な経費は企業が負担する。

このような労働組合の企業経営への決定参加権は、経済的責任を負わない。労働者（組合）が全労働者集会の議決（同意）を得て、提起し、労使合意して実行された経営施策に対して、最終な経営責任は所有権が前提となる経営権をもつ株主代表の取締役（使用者）側が負う。

（法改正）

第32条　この法律の定めにより必要となる法改正を行う。

（施行）

第33条　この法律は＊＊＊＊年＊月＊日より施行する。なお、施行規則については別に定める。

（2019年8月23日）

労使経営協議会法第二次改訂案検討委員会〈五十音順〉

主　査　高木雄郷（経営民主ネットワーク事務局長）

委　員　岩田昌征（千葉大学名誉教授）

狩谷道生（JAM大阪特別執行委員）

川野英樹（JAM副書記長）

高木郁朗（日本女子大学名誉教授）

高倉　明（自動車総連会長）

野中孝泰（電機連合委員長）

増田光義（JP労組委員長）

丸尾直美（尚美学園大学名誉教授、元慶應義塾大学教授）

[著者紹介]

高木 雄郷（たかぎ・ゆうごう）
経営民主ネットワーク事務局長。ジャーナリスト。
1946年北海道生まれ。1970年専修大学経済学部卒、自主管理研究所長、「現代フォーラム」編集人を経て、1995年より現在に至る。「経営民主主義」編集人、日本労働ペンクラブ、社会・経済システム学会、日本ILO協議会会員等。編著書に『九十年代の構想』（ぱる出版）、『連合時代の可能性』（総合労働研究所）等がある。

日本型共同決定制の構想

「経済民主主義」による企業統治をめざして

2022年2月5日　初版第1刷発行

著　者　高木 雄郷
発行者　大江 道雅
発行所　株式会社　明石書店
〒101-0021
東京都千代田区外神田6-9-5
TEL　03-5818-1171
FAX　03-5818-1174
https://www.akashi.co.jp/
振替　00100-7-24505

装丁：金子 裕
組版：朝日メディアインターナショナル株式会社
印刷・製本：モリモト印刷株式会社

（定価はカバーに表示してあります）　ISBN978-4-7503-5293-0